Wolf von Laer

Probleme des etablierten Notenbankensystems – Free Banking als Alternative?

Argumente der Freiheit

Probleme des etablierten Notenbankensystems – Free Banking als Alternative?

Wolf von Laer

liberal Verlag
Universum Kommunikation und Medien AG
Berlin 2011

Impressum:
3. Auflage, September 2012

Umschlag
Gestaltung: altmann-druck GmbH

Satz und Druck: altmann-druck GmbH, Berlin
Printed in Germany - ISBN 978-3-920590-41-7

Inhaltsverzeichnis

Abbildungsverzeichnis

Tabellenverzeichnis

Abkürzungsverzeichnis

ABCT	Austrian Business Cycle Theory
BoG	Board of Governors
etc.	et cetera
FED	Federal Reserve System
FOMC	Federal Open Market Committee
S.	Seite
U.S.	United States
USA	United States of America

1. Einleitung

Landesbanken, AIG, General Motors, Griechenland und die anderen PIIGS (Portgual, Italien, Irland, Griechenland, Spanien) Staaten; Milliarden und Billionen werden zur Rettung von diesen Unternehmen und Staaten aufgewendet: Mit solchen unvorstellbaren Summen wird man tagtäglich in den Medien konfrontiert. Die Relationen verschwimmen dabei fast vollständig. Ob ein Staat nun 50 Millionen Euro neue Schulden für die Verbesserung von Schulen ausgibt, oder ob das Haushaltsdefizit um weitere 50 Milliarden Euro angewachsen ist, lässt die meisten Bürger unberührt. Die Zeiten, in denen man mit wenigen Cents einige Waren erwerben und mit einem Verdienst von 1.000 Dollar ein wohlsituiertes Leben führen konnte, sind vorbei.

Der Grund, warum diese Zeiten vorbei sind und die Geldmenge immer weiter nach oben schießt, sind die Zentralbanken und das Papiergeldsystem, welches heutzutage so gut wie alle Transaktionen regional und weltweit bestimmt. Die meisten Menschen wollen mehr Geld besitzen, weil sie damit Bedürfnisse befriedigen können und es vorsorgende Sicherheit gibt. Geld an sich ist jedoch nicht das Gewünschte, sondern ein Mehr an Kaufkraft. Solche simplen Fakten, sowie der heutige Geldschaffungsprozess und die Implikationen der Steuerung der Geldmenge aus einer zentralen Instanz heraus, sind jedoch den wenigsten Bürgern präsent.

Seit der Gründung im Jahre 1913 wird das Institutionengeflecht des *Federal Reserve System* (FED), welches als die Zentralbank der Vereinigten Staaten von Amerika (USA) in dieser Arbeit genauer untersucht wird, kritisiert. Jedoch geht der Großteil der Kritik nicht so weit, eine staatlich kontrollierte Geldmengenausgabe als abdingbar anzusehen. Eine ökonomische Schule beschäftigt sich sehr intensiv mit dem Zentralbankensystem und erbringt auch Alternativvorschläge. Auf diese umfangreiche Kritik der Österreichischen Schule der Nationalökonomie wird sich in dieser Arbeit verstärkt berufen. Die Kernfragen lauten, inwieweit das heutige Notenbankensystem arbeitet, welche ökonomischen und sozialen Effekte durch die Geldpolitik entstehen und ob ein alternatives System eine Besserung bringen würde.

Dazu müssen zuerst die Organisationsstruktur und Ziele des *Federal Reserve System* eingehender untersucht und das Zusammenspiel von privaten und staatlichen Interessen im Bezug auf das monetäre System aufgezeigt werden. Mit diesem Hintergrundwissen werden im weiteren Verlauf die Wirkungen der zentral gesteuerten Geldmenge und ihre mannigfaltigen Konsequenzen, insbesondere im Hinblick auf die Effekte für bestimmte ökonomische Akteure und für die Wirtschaft als Ganzes untersucht. Abschließend wird der Vorschlag des *Free Banking* in der Theorie und die praktischen Implikationen durch die Einführung dieser Alternative diskutiert.

Mein Dank für die ausgiebige Hilfe möchte ich folgenden Personen aussprechen: Prof. Dr. Dr. Helge Peukert für die Freiheit, welcher dieser mir in der Themenwahl, Ausgestaltung und den Rahmenbedingungen gewährt hat, der Friedrich-Naumann-Stiftung für die Freiheit für die jahrelange Förderung, insbesondere während meiner Zeit in Istanbul, in der diese Arbeit entstanden ist, meinen Eltern und Kommilitonen, welche mir mit Rat und Tat zur Seite standen, den vielen Korrekturlesern, dem unerschöpflichen Literaturangebot des Ludwig-von-Mises-Institutes, Prof. Dr. Jörg Guido Hülsmann, Ekkehard Köhler und Dr. Michael von Prollius für ihre wissenschaftliche Expertise und gewinnbringenden Hinweise.

2. Methodologie

Die Herangehensweise dieser Arbeit zu einem ökonomischen Sachverhalt wie dem Zentralbankwesen unterscheidet sich in vielfältiger Weise von makroökonomischen Betrachtungen oder empirischen Arbeiten zu diesem Thema. Die Volkswirtschaftslehre wird hier als eine Sozialwissenschaft verstanden, in der das Zusammenwirken von unzähligen Akteuren interpretiert und Gesetze zu diesem Verhalten formuliert werden. Die „Mainstreamökonomik" versteht darunter weitgehend das Ausdrücken von Millionen über Millionen von individuellen Entscheidungen mit unterschiedlichen Präferenzen und Absichten in mathematische Formeln und Graphen. Der hier vorgenommene Ansatz unterscheidet sich davon.

Mathematik ist ein wichtiges Hilfsmittel zum Verständnis von ökonomischen Zusammenhängen. Jedoch ist die Mathematik nicht unbegrenzt anwendbar, insbesondere bei der Betrachtung von ganzen Volkswirtschaften mit vielfältigen Abläufen und hoher Komplexität, und auch nicht zwingend zum Verständnis notwendig (Rothbard, 1997: 60-64). Dies hat auch den nicht unbedeutenden Vorteil, dass diese Arbeit auch für den ökonomischen Laien verständlich ist.

2.1 Die Österreichische Schule der Nationalökonomie

Die Österreichische Schule der Nationalökonomie ist insbesondere unter deutschen Volkswirten relativ unbekannt. Es gibt weltweit nur einige wenige Universitäten, die explizit ein Studium dieser ökonomischen Schule anbieten.[1] Philipp Bagus, Assistenzprofessor an der Universität Rey Juan Carlos in Spanien, erklärt sich diese Unbekanntheit mit der Komplexität und der Schwierigkeit, die nicht-intuitiven Schlüsse, insbesondere der *Austrian Business Cycle*-Theorie (siehe Abschnitt 4.1), nachzuvollziehen (Bagus, 2006: 1).

Jedoch lässt dieses umfangreiche Theoriegebäude Aussagen über gemeinsame Ursachen und Entwicklungen von Wirtschaftskrisen zu. Dieser wissenschaftliche Ansatz ermöglichte verschiedenen Generationen von Ökonomen der Österreichischen Schule Wirtschaftskrisen vorherzusagen. Die Große Depression beginnend im Jahre 1929 und die aktuelle Finanz- und Wirtschaftskrise (seit 2007) sind die umfangreichsten Analysen dieser Schule. Die Richtigkeit dieser Vorhersagen gibt der theoretischen Argumentation Validität.[2] Philipp Bagus hat mit seiner Behauptung über die

1 Unter anderem George Mason University in Virginia und New York University in den Vereinigten Staaten von Amerika, Aix-en-Provence in Frankreich, Universidad Rey Juan Carlos in Spanien.

2 Im Gegensatz zu John Maynard Keynes, welcher 1927 noch behauptet, dass „We will not have any more crashes in our time.", haben die Ökonomen der Österreichischen Schule der Nationalökonomie Ludwig von Mises und Friedrich August von Hayek die Krise von 1929 vorausgesagt.

Komplexität der österreichischen Theorie, bezüglich der umfangreichen österreichischen Analyse der Kapitalstruktur einer Volkswirtschaft sicherlich Recht. Diese wird in dieser Arbeit jedoch nur oberflächlich und in einer Art und Weise herangezogen, die einer Erklärung der Ursachen von der regelmäßigen Wiederkehr von Finanzkrisen dienlich ist. Das Besondere dieser Schule liegt nämlich darin, dass sie ökonomische Sachverhalte in einer Sprache vermitteln kann, welche für den wirtschaftswissenschaftlich Unerfahrenen verständlich ist und dabei nicht von unrealistischen Annahmen, wie perfekter Rationalität oder perfekter Verfügung von Information, ausgeht. Die axiomatisch-deduktive Schrittfolge geht von dem zentralen Axiom aus, dass Menschen handeln, um bestimmte Ziele zu erreichen. Aus diesem Axiom ergeben sich weitere Implikationen. Zum Beispiel, dass alles Handeln innerhalb eines Zeitraumes stattfindet und in die Zukunft gerichtet ist. Würde man dies verneinen, würde das bedeuten, dass alle Ziele augenblicklich erreicht werden können und somit es gar keinen Grund gäbe zu handeln. Mit dieser Methode, welche in der Österreichischen Schule Praxeologie genannt wird, werden dann Stück für Stück ökonomische Gesetze, wie Knappheit der Güter, ein abneh-

---

Siehe dazu Skousen, Mark: „Who Predicted the 1929 Crash", in Herbener, Jeffrey M.: „The Meaning of Ludwig von Mises, Kluwer Academic Publishers, 1993, S. 257 ff. Zu den Vorhersagen der aktuellen Krise siehe die Artikel zwischen 2004 und 2005 von Thornton, Mark: „Housing: Too Good to be True", http://mises.org/daily/1533, 2004., Karlsson, Stefan: „America's Unsustainable Boom", http://mises.org/daily/1670, 2004., Shostak, Frank: „Is There a Glut of Saving", http://mises.org/daily/1882, 2005.

mender Grenznutzen[3] oder dass menschliches Handeln unter Unsicherheit stattfindet, abgeleitet. Mit Hilfe dieser aufbauenden Schrittfolgen ist die Praxeologie in der Lage, immer komplexere ökonomische Sachverhalte zu untersuchen (Rothbard, 1997: 58-77). Der Ausgangspunkt ist neben dem Axiom oftmals eine Robinson-Crusoe-Ökonomie, welche mit dem Hinzufügen von anderen Akteuren, von verschiedenen Gütern, von Produktionsmitteln und später Geld immer mehr an Komplexität und somit an der Fähigkeit, realitätsbezogene Aussagen zu treffen, gewinnt.

2.2 Der Begriff der Inflation

Bevor eine Analyse des *Federal Reserve System* möglich ist, muss zunächst der Begriff der Inflation spezifiziert werden. Das Bekämpfen der Inflation und steigender Preise ist ein altbekanntes Ziel von Politikern und Zentralbankern. In dem Kontext klingt Inflation wie ein externes Ereignis, wie eine Naturkatastrophe, auf die die Mächtigen der Welt keinen Einfluss haben. Ein allgemein steigendes Preisniveau wird heutzutage als Inflation definiert.

Steigende Preise sind auf drei Gründe zurückzuführen:

1) Güter werden relativ knapper und die Preise steigen.

2) Die Ausweitung der Geldmenge sorgt für ein größeres Angebot an Geld, was die einzelne Banknote in

3 Für eine Erläuterung des Begriffes siehe Fußnote 37.

ihrer Kaufkraft verlieren lässt und somit mehr Geld für den Kauf der gleichen Anzahl an Gütern benötigt wird.

3) Produzenten antizipieren steigende Preise für den Kauf der Güter, die für die Herstellung der eigenen Produkte benötigt werden, und schlagen den Wert auf den eigenen Preis auf.

Es gibt noch viele andere Szenarien, aus denen ein steigendes Preisniveau resultieren kann. Diese sind jedoch im Anbetracht des Faktums, dass mittel- bis langfristige Inflation niemals ohne die Ausdehnung der Geldmenge möglich ist, in der weiteren Analyse weniger bedeutend:

> „Let us start from the basic fact that there is no record in the economic history of the whole world, anywhere or at any time, of a serious and prolonged inflation which has not been accompanied and made possible, if not directly caused, by a large increase in the quantity of money. This generalization holds for developed as well as underdeveloped countries, for capitalist, precapitalist, and even centrally-planned economies." (Habeler, 1960: 16)

Die Definition von Inflation als steigendes Preisniveau ist auch aus messtechnischen Gründen problematisch. Die gängigen Indizes zur Berechnung der Inflation können nicht alle Preisbewegungen einer Volkswirtschaft erfassen. Weiterhin lässt sich aus den Indizes nicht ermitteln, ob ein Preisanstieg aufgrund von Veränderungen auf der Warenseite oder der monetären Seite resultiert und zu welchem Anteil der eine oder der andere Faktor eine Rolle spielt. Im Einklang mit diesen Überlegungen wird im Folgenden der Begriff Inflation im Sinne eines Preisniveauanstieges, als ein primär monetär beeinflusstes Phänomen betrachtet.[4]

4 Für eine Herangehensweise von der Quantitätstheorie des Geldes M*V=Y*P und der näheren Betrachtung von anderen Inflationsgründen siehe Haberler, 1960: 16-37. Haberlers Analyse kommt zum gleichen Ergebnis, dass Faktoren wie die Umlaufgeschwindigkeit des Geldes (V) und das Produktionsniveau (Y) im Gegensatz zur Geldmenge (M) für mittel- und langfristige Preisveränderungen (P) eine geringe Rolle spielen.

3. Das *Federal Reserve System*

Im Jahre 1913 wurde das *Federal Reserve System* in den USA etabliert. Die Zentralbank sollte eine flexible Steuerung der Geldmenge ermöglichen und somit die Volatilität auf den Märkten, welche in den Finanzkrisen im späten 19. und frühen 20. Jahrhundert erlebt wurde, verhindern. Im Folgenden wird eine Betrachtung des Systems mit dem Fokus auf eine Einführung in die Struktur, den Geldschaffungsprozess und die Ziele dieser hybriden Institution vorgenommen.[5]

3.1 Aufbau und Funktionen der Gremien

Es wird häufig von „der“ FED gesprochen. Dies ist im Grunde genommen falsch, da es sich nicht um eine Zentralbank, sondern um ein System aus zwölf nach Distrikten aufgeteilten Zentralbanken handelt. Das *Federal Reserve System* ist pyramidenförmig aufgebaut: Die Basis bilden die etwa 3.500 privaten Mitgliedsbanken. Dies sind 38 % der kommerziellen Banken in den USA. Sie haben einen finanziellen Anteil an den Zentralbanken, aber kein Mitspracherecht bei geldpoli-

5 Es kann an dieser Stelle nicht näher auf die Entstehungsgeschichte und die Entwicklung des FED eingegangen werden. Jedoch gibt es umfangreiche Literatur zu diesem Thema, welche für ein tieferes Verständnis der privaten und politischen Interessen, die hinter dieser Institution stecken, von Vorteil sind: Murray N. Rothbard „The Case against the FED“, ders. „The Origins of the Federal Reserve“, ders. „Mistery of Banking“, Guido Hülsmann „Die Ethik der Geldproduktion“. Für eine theoretische Herangehensweise an die Entwicklung des Zentralbankwesens siehe Ludwig von Mises „Theorie des Geldes und der Umlaufmittel“ S. 1-7.

tischen Entscheidungen (EDU, 2010). Trotz dessen, dass nur etwas mehr als ein Drittel aller Banken der USA zum *Federal Reserve System* gehören, sind die umsatzstärksten Banken Mitglieder im System. Der Anteil der Nichtmitglieder am Gesamtumsatz im Bankensektor ist weitaus geringer als der der Mitgliedsbanken. Die zwölf Zentralbanken sind zuständig für die Verteilung des neu gedruckten und gemünzten Geldes, das Sammeln von makroökonomischen Daten, die Aufsicht und Regulierung der Mitgliedsbanken und fungieren als Bank für das *United States* (U.S.)-Schatzamt.

Dem privaten unteren Bereich des FED folgt der öffentliche und private Elemente beinhaltende Teil, welcher vom *Federal Open Market Committee* (FOMC) repräsentiert wird. Die zwölfköpfige, abstimmungsberechtigte Besetzung besteht aus den Mitgliedern des *Board of Governors*, dem Zentralbankchef von New York und vier anderen Notenbankenpräsidenten, die jeweils in einjährigen Intervallen rotieren. Das FOMC entscheidet über die Geldpolitik des *Federal Reserve*, wie zum Beispiel den Zentralbankzins und die Mindestreservepolitik.

An der Spitze steht das *Board of Governors* (BoG) mit sieben Mitgliedern. Diese werden vom Präsidenten der Vereinigten Staaten von Amerika ausgewählt und vom Senat anschließend für eine Amtszeit von 14 Jahren bestätigt. Der aktuelle Vorsitzende des Boards, des FOMC und gleichzeitig für vier Jahre gewählter Vorsitzender des Zentralbankensystems ist Ben Bernanke, ehemaliger Vorsitzender des *Council of Economic Advisors* von George W. Bush. Bei der Auswahl der Mitglieder sind viele Spezifika zu beachten: zum Beispiel, dass das BoG aufgrund von präsidialer Anweisung die Interessen der Industrie, der Banken, des Handels und der Landwirtschaft bei seinen Entscheidungen zu berücksichtigen hat und dass aus einem Distrikt nur maximal ein Mitglied gewählt werden kann.

Das BoG stellt den rein politischen Teil des Aufbaus des FED dar und hat den legalen Status einer Bundesbehörde (Fox u.a., 2005: 3). Die makroökonomischen Daten, die von den zwölf Zentralbanken gesammelt werden, sollen dem Board ermöglichen, sich ein Gesamtbild zu verschaffen und mithilfe der Daten monetäre Entscheidungen zu fällen (Reagan, 1961: 64-66).

3.2 Es werde Geld – Die Instrumente der Geldpolitik

Das FED hat eine Vielzahl von Möglichkeiten, die Geldmenge zu steuern. Die wichtigsten Instrumente, die verwendet werden, sind die Mindestreservepolitik, der Diskontzinssatz und die *Federal Funds Rate*, der Leitzins der U.S.-Notenbanken.

All diese Entscheidungen werden direkt oder indirekt (der Diskontsatz wird von den einzelnen Zentralbanken festgelegt und dann vom FOMC bestätigt) vom FOMC getroffen. Diese Instrumente werden nicht im gleichen Umfang im täglichen Zentralbankgeschäft verwendet (Grey, 2002: 11). Die **Mindestreservepolitik** wird kaum noch verändert und wenn nur in Bereichen von 0.5 % angepasst. Die Mindestreserve ist der Betrag, den Banken im FED eingezahlt haben müssen. Hat eine Bank zum Beispiel Einlagen im Wert von 1.000 Dollar, dann müssen bei dem aktuellen Reservesatz von 10 % 100 Dollar in den FED-Banken zinslos hinterlegt werden. Die restlichen 900 Dollar können zum Beispiel als Kredite herausgegeben werden. Wenn das FED den Satz auf 5 % reduziert, dann würde die Geldmenge bei dieser einen Bank um 50 Dollar ausgeweitet werden und bei einer Erhöhung des Satzes entsprechend kontrahiert werden. Diese Maßnahme beeinflusst alle Banken in den USA. Entsprechend wird bei einer Veränderung des Reservesatzes die Geldmenge stark ausgeweitet respektive kontrahiert.

Der **Diskontzinssatz** ist für den Notfall, kurzfristige illiquide Engpässen überbrücken zu können, gedacht. Der Satz ist meistens um circa einen Prozentpunkt höher angesiedelt als die *Federal Funds Rate*. Zurzeit liegt der Diskontzinssatz bei 0,75 % und ist entsprechend wenig bedeutend bei einem Leitzins von 0,25 %.

Der Leitzins ist der Zins, zu dem Banken sich kurzfristig Geld leihen können. Dieser wird durch das wichtigste Instrument, die **Offenmarktpolitik** des FOMC, in einer gewissen Zielbandbreite festgelegt. Das Kaufen und Verkaufen auf den Offenmärkten bestimmt zu 75 % die Geldpolitik des *Federal Reserve*. Das Ziel der Offenmarkttransaktionen ist es, den kurzfristigen Zinssatz, zu dem die Banken sich Geld leihen können, an das Niveau anzupassen, welches das FED als erstrebenswert erachtet. Um die Ausweitung der Geldmenge vorzunehmen, kauft das FOMC U.S.-amerikanische Staatsanleihen.[6] Das FED schreibt einen Scheck auf sich selbst aus und kauft die Staatsanleihen mit diesem frisch kreierten Geld. Dies erfolgt durch elektronische Datenübermittlung. Per Tastendruck wird die frisch geschaffene Dollarsumme zu den Banken und die Staatsanleihen zu dem FED transferiert (Walter, 1994: 80-83). Durch die Zinseinnahmen solcher Wertpapiere finanziert sich das Notenbankensystem. Seit der Gründung des FED sind 95 % des Nettogewinns an das U.S.-amerikanische Schatzamt zurückgeflossen.

Alle Mitgliedsbanken müssen mindestens 3 % (abrufbar durch das BoG sind maximal 6 %) ihres Kapitals der zuständigen Distriktnotenbank überlassen. Darauf wird vor der Übergabe der Zinsgewinne an das U.S.-Schatzamt ein Zins von 6 % ausgezahlt. Weiterhin werden von dem Geld auch die Ausgaben des *Board of Governors* mit ihren über 1.800 Mitarbeitern und die Ausgaben der zwölf Distriktbanken abgezogen (Walter, 1994: 37-42/ Fox u.a., 2005: 4).

Um einen Eindruck von dem Zinsgewinn, der durch diesen Prozess (Seigniorage) entsteht, zu bekommen, sei der Rekordgewinn aus dem Jahre 2009 genannt, welcher sich auf

6 Nebst U.S.-Treasury Bonds werden auch Zinsen von Auslandswährungsinvestitionen und Kredite für U.S.-Kreditinstitutionen als Einkommen des FED bezogen (FED D: 2010). Der Anteil von diesen Wertpapieren liegt jedoch unter 25 % (Walter, 1994: 80).

52,1 Milliarden Dollar belief. Davon wurden 46,1 Milliarden an das Schatzamt in Washington abgeführt, 1,4 Milliarden an die Mitgliedsbanken ausgeschüttet und die restlichen 4,6 Milliarden von dem FED zurückgelegt (Häring, 2010).

3.3 Die Ziele des FED: Anspruch und Wirklichkeit

Das FED hat seit dem *Federal Reserve Act* 1913, welcher die Institution ins Leben rief, zusätzliche Zielfunktionen erhalten. Originär hatte das FED nur die Aufgabe, einen Schutz vor Finanzkrisen mithilfe einer flexiblen Währung zu gewährleisten. Seit 1913 sind elf neue Gesetze hinzugekommen, die unter anderem auch die Ziele des FED verändert haben (Fox u.a. 2004: 2). Nebst dem Schutz vor Finanzkrisen gibt es drei weitere Hauptaufgaben:

1. Preisstabilität

2. Maximale Beschäftigung und Wachstum

3. Moderates langfristiges Zinsniveau

4. Krisenprävention und Krisenabschwächung

Diese vier Punkte stellen hehre und anspruchsvolle Ziele dar. Bis in die 1920er Jahre wurde vom BoG noch bezweifelt, dass Geldpolitik überhaupt das Preisniveau und Beschäftigungsniveau verändern könne (Meltzer, 2009: 294). Diese Zweifel sind längst verschwunden und das FED mit der Fähigkeit, die wichtigste Währung der Welt zu kontrollieren, ist fürwahr eine sehr mächtige Institution mit einem starken Einfluss auf die Volkswirtschaft als Ganzes.[7] Ein Einblick in die Daten über verschiedene makroökonomische Größen wird helfen, einen Eindruck über die Entwicklungen unter dem FED zu bekommen. Natürlich sind diese volkswirtschaftlichen Kennzahlen zahlreichen Einflüssen ausgesetzt und als Phänomene nicht monokausal zu erklären. Jedoch lassen sich starke Einflüsse des FED auf diese Kennzahlen ausmachen und Aussagen über Interdependenzen können getroffen werden. Der qualitativ-kritische Teil (Abschnitt 4) wird theoriegeleitete Aussagen und Entwicklungsvorhersagen zu diesen Größen treffen. Die Interpretation der Daten im Lichte der Kritik wird es ermöglichen, zu einer Aussage über den Wahrheitsgehalt der Kritik am heutigen Geldsystem zu gelangen.

3.3.1 Preisstabilität

Ein stabiles Preisniveau durch die Verhinderung von Inflation ist ein erklärtes Ziel der Notenbanken. Wenn man sich jedoch die offiziellen Daten anschaut, dann ist dieses Ziel klar

7 Die Entscheidungen des FED betreffen nicht nur die amerikanische Wirtschaft, da viele Länder ihre Währung mit Dollar gedeckt haben, sowie der Dollar eine international benutzte Währung ist und ein Großteil der weltweiten Finanztransaktionen darüber abläuft, das FED häufig währungspolitisch vorangeht und seine Entscheidungen mit anderen Zentralbanken koordiniert. Dies sind nur einige Gründe für den transnationalen Einfluss des Dollars.

verfehlt worden. Seit der Gründung des FED hat der Dollar über 95 % seines Wertes verloren. In anderen Worten, man konnte im Jahre 1913 für 100 Dollar Waren kaufen, für die 2.203 Dollar und 82 Cent im Jahre 2010 benötigt würden.[8] Der kritische Leser mag sich nun in dieser Situation völlig zu Recht fragen, ob dies zwangsläufig mit der Zentralbank zu tun hat. Der erste eindeutige Beweis, um diese These zu untermauern, findet sich in der Entwicklung der Geldmenge.

8 Diese Rechnung beruht auf offiziellen Zahlen des **Bureau of Labor Statistics**. Es ist bemerkenswert, dass diese Werte trotz der Verwischung der Zahlen immer noch so beeindruckend sind. Die Technik zur Ermittlung des **Consumer Price Index**, auf dem diese Zahlen beruhen, wurde in der Vergangenheit oft verändert und angepasst. So wird zum Beispiel die Hedonistische Methode verwendet, bei der Produktverbesserungen zu einem subjektiv festgelegten Rückgang der Preise führen. Auf den ersten Blick ist dies sinnvoll, jedoch sind Qualitätsverbesserungen nicht quantifizierbar und somit wird die Berechnung durch diese Methode willkürlich. Noch verzerrender wirkt die geometrische Gewichtung, bei der im Preis angestiegene Waren weniger stark gewichtet werden als Waren, welche weniger im Preis angestiegen sind. Auf dieser Idee aufbauend versucht das Instrument des „Intervention Analysis Adjustment" Anomalien bei Produkten mit Preisfluktuationen zu identifizieren und herauszurechnen. Der Surrogatansatz erlaubt es den Statistikern, ein Gut, welches stark im Preis gestiegen ist, zu Gunsten eines Surrogates, welches nicht gestiegen ist, herauszunehmen. Nach dieser Logik würden stark steigende Kaffeepreise dazuführen, dass Kaffee aus der Berechnung herausgenommen und Tee dafür eingesetzt wird.

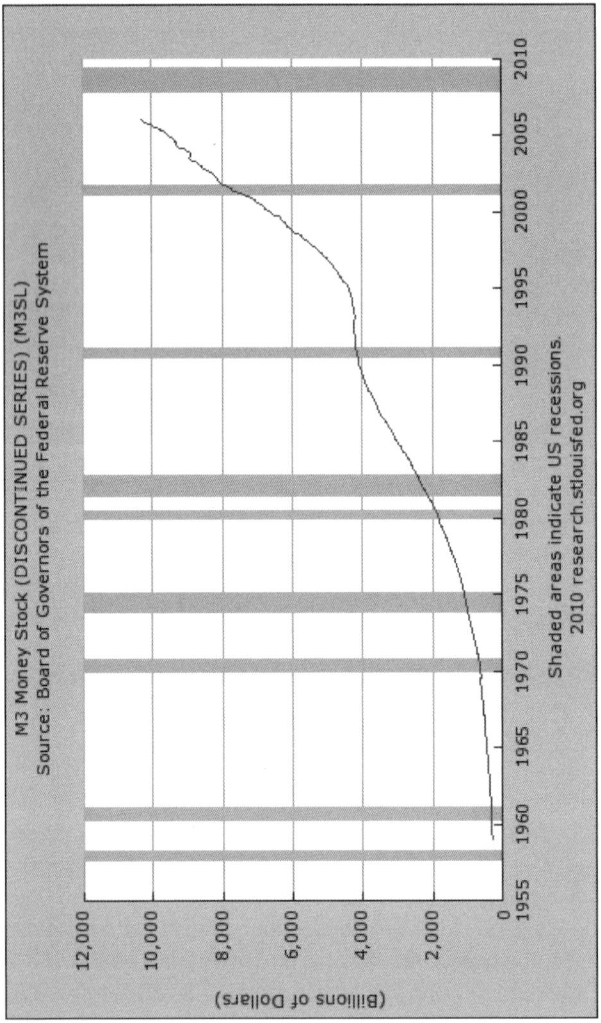

Graph 1: Geldmengenentwicklung M3 in Milliarden Dollar
Datenquelle:http://research.stlouisfed.org.

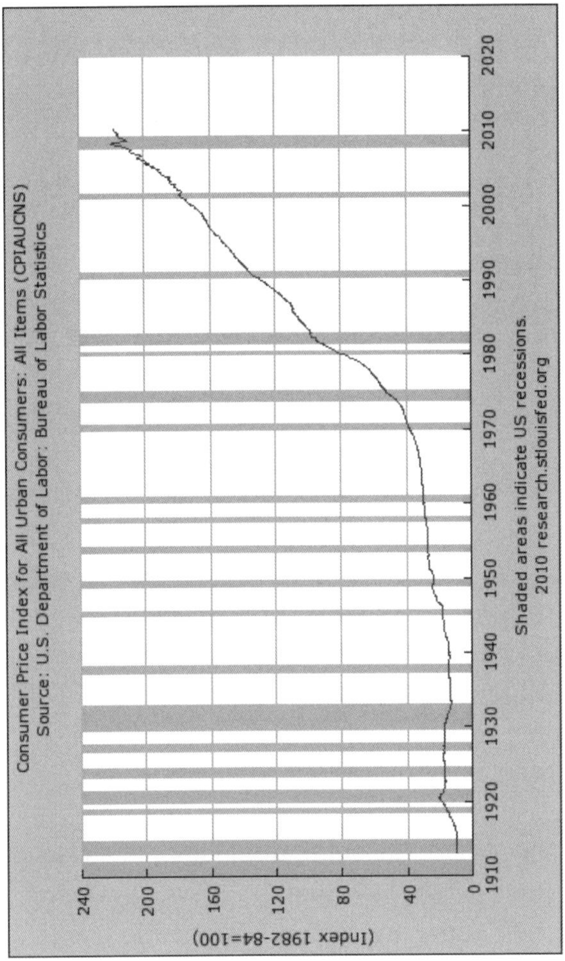

Graph 2: Consumer Price Index von 1913 – 2010, Basisjahrspanne 1982-84 = 100%
Datenquelle http://research.stlouisfed.org.

Graph 1 zeigt die Geldmengenentwicklung von M3 von 1959, das Jahr, in dem der Wert zum ersten Mal erfasst wurde, bis 2006.[9] M3 war das umfassendste Instrument zur Erfassung der Geldmenge. Dieses wurde im Jahre 2006 mit dem Wechsel von Alan Greenspan zu Ben Bernanke abgeschafft. Die dazu postulierten Kostengründe sind nicht besonders stichhaltig. Jedoch ist eine Spekulation an dieser Stelle über die möglichen Beweggründe unangebracht. Durch den Graph 1 wird deutlich, dass die Geldmenge kontinuierlich und mit steigender Tendenz ausgeweitet wurde. Wie das oben aufgeführte Zitat Gottfried Haberlers treffend belegt, ist steigende Inflation über einen längeren Zeitraum nur mithilfe einer Ausweitung der Geldmenge möglich. In einem Zeitraum von über 100 Jahren, von 1800 bis 1900, einer Zeit großer Prosperität für die amerikanische Volkswirtschaft, gab es bis auf steigende Preislevel während Kriegszeiten kaum Inflation. Die Tendenz des Preisniveaus war sogar über längere Zeiträume hinweg sinkend (FED M, 2010). Daraus lässt sich schlussfolgern, dass Inflation kein inhärentes Phänomen in Volkswirtschaften ist.

Es ist ein empirischer Fakt, dass seit der Industriellen Revolution die modernen Volkswirtschaften stark gewachsen sind. Wenn man nun von einer festen Geldmenge ausgeht, dann wird offensichtlich, dass bei einem steigenden Waren-

9 M3 wird durch www.shadowstats.com weitergeführt. Auf dieser Seite findet man interessante Informationen, Hintergründe und Entwicklungen zu staatlichen Statistiken und Alternativen.

und Serviceangebot die Preise unmöglich steigen können, sondern im Gegenteil sinken müssten. Die Kaufkraft muss steigen, da sonst das ausgeweitete Warenangebot nicht einer entsprechend gestiegenen Kaufkraft gegenübersteht und die Güter nicht abgesetzt werden können. Daraus lässt sich folgern, dass die extremen Preissteigerungen (Graph 2) und der Kaufkraftverlust des Dollar zum Großteil auf die Ausweitung der Geldmenge zurückzuführen sind.

3.3.2 Moderates langfristiges Zinsniveau

Die Quantifizierung eines „moderaten langfristigen Zinsniveaus" ist kaum möglich. Zinsen sind komplexe ökonomische Phänomene und unterliegen zahlreichen Faktoren. Einer der wichtigsten Einflüsse auf das Zinsniveau ist das Angebot von Geld. Wenn die Banken sich zinsgünstig Geld von der Zentralbank beschaffen können, kann dies entsprechend günstiger an die Wirtschaft weitergegeben werden. Dies ist eine künstliche Veränderung des Zinsindikators, welcher sich originär aus realen Werten, welche sich durch das Spar- und Konsumverhalten und somit den für Investitionen zur Verfügung stehenden Produktionsmitteln auf dem Markt ergeben, herausbildet. Das Zinsniveau hängt zum großen Teil von der Politik der Zentralbanken ab und lässt unmittelbar keine Schlüsse über dessen Angemessenheit zu. Mittelbar können jedoch die Veränderungen im Leitzins, das Sparverhalten der privaten und staatlichen Haushalte und die Veränderungen der dreimonatigen U.S.-Staatsanleihen *(Treasury Bills)* als Indikatoren für Fluktuationen und Trends fungieren. Die Entwicklung dieser Indikatoren ist in den untenstehenden Graphen abzulesen. Die Entwicklung von dreimonatigen Staatsanleihen wird als eine Annäherung an das allgemeine Zinsniveau angesehen. Durch die schnelle Möglichkeit zur Liquidierung und durch die kurzfristige Laufzeit werden die Staatsschuldverschreibungen möglichst genau an das jeweilige Zinsniveau angepasst. Das Ausfallrisiko, welches immer ein Bestandteil des Zinses ist, ist bei diesen Papieren sehr gering, da sie durch den Staat gedeckt sind. Diese beiden Gründe sind ausschlaggebend, dass der Graph 4 – als Schaubild der Entwicklung der dreimonatigen Staatsanleihen – als ein Ausdruck des allgemeinen Zinsniveaus verstanden wird. Zur Zeit hat diese Zinsentwicklung solch ein niedriges Niveau wie seit 60 Jahren nicht mehr erreicht. Das allgemeine Zinsniveau legt durch die starke Korrelation mit den Fluktuationen des U.S.-amerikanischen Leitzinses (Graph 3) eine Abhängigkeit von den Entscheidungen der Zentralbank nahe.

Die Verschuldungs- (Graph 5) respektive die Sparquotenentwicklungen (Graph 6) zeigen auf, dass trotz eines immer niedrigeren Zinsniveaus die dahinterliegenden angesparten Werte nicht angestiegen sind. Bei einer festen Geldmenge bildet sich der Zins durch das Angebot und die Nachfrage nach Gespartem. Da jedoch die Verschuldung der Haushalte bei sinkender Sparquote gestiegen ist, kann das aktuelle Zinsniveau nicht von der Produktionsseite herrühren. Dieses Faktum verglichen mit der wachsenden Geldmenge und sinkenden Leitzinsen signalisiert, dass eine hohe Diskrepanz zwischen realen, gesparten Werten und dem Zinsniveau besteht. Daraus lässt sich ableiten, dass das Zinsniveau primär von der monetären Seite und nicht von einer Veränderung der Sparquote beeinflusst wurde.[10]

Die Verschuldungstendenzen, das damit einhergehende von realen Werten entkoppelte artifiziell-niedrige Zinsniveau[11] sowie die Fluktuationen der Zinsen lassen Zweifel berechtigt erscheinen, ob das Ziel eines moderaten und langfristigen Zinsniveaus durch das FED erreicht wurde.

10 Hier wird angenommen, dass gespartes Einkommen sofort in den Kapitalmarkt fließt. Das Geld kann als weitere Möglichkeit auch von den Individuen gehalten werden. Dies hätte den Effekt, dem Wirtschaftskreislauf entzogen zu werden und bei stabiler Geldmenge die Kaufkraft des Geldes steigen zu lassen. Dies ist jedoch bei steigender Inflation, im Anbetracht der Verschuldung der privaten Haushalte und dem Zinsniveau als Faktor zu vernachlässigen. Für eine tiefer gehende Behandlung des Zustandekommens des Zinssatzes siehe (Mises, 1949: 521-570).

11 Über weitere Implikationen der Diskrepanz zwischen realen Werten und Verzerrungen des Zinses durch die Ausweitung der Geldmenge siehe Abschnitt 4.2 Wirtschaftsrechnung.

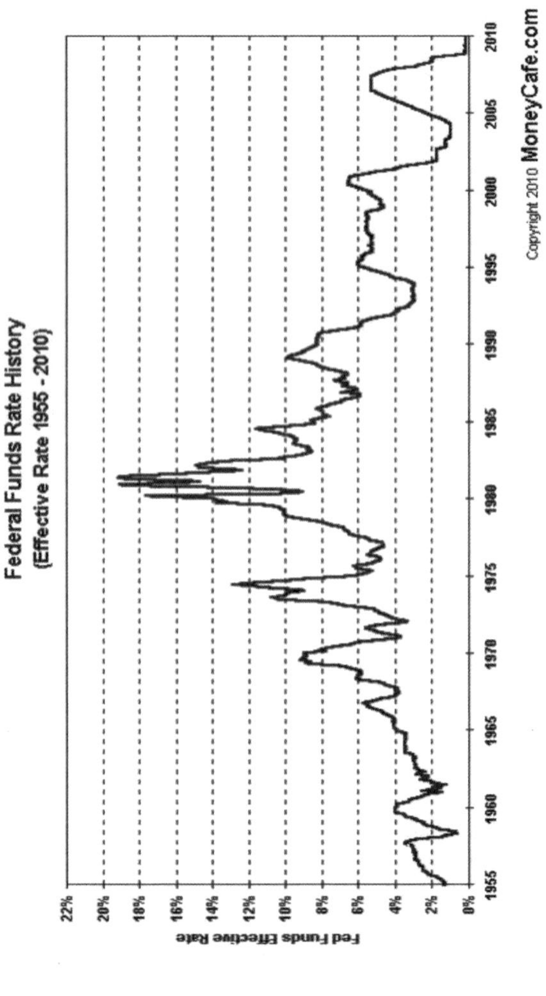

Graph 3: Historischer Überblick über die Federal Funds Rate
Datenquelle: www.federalreserve.gov.

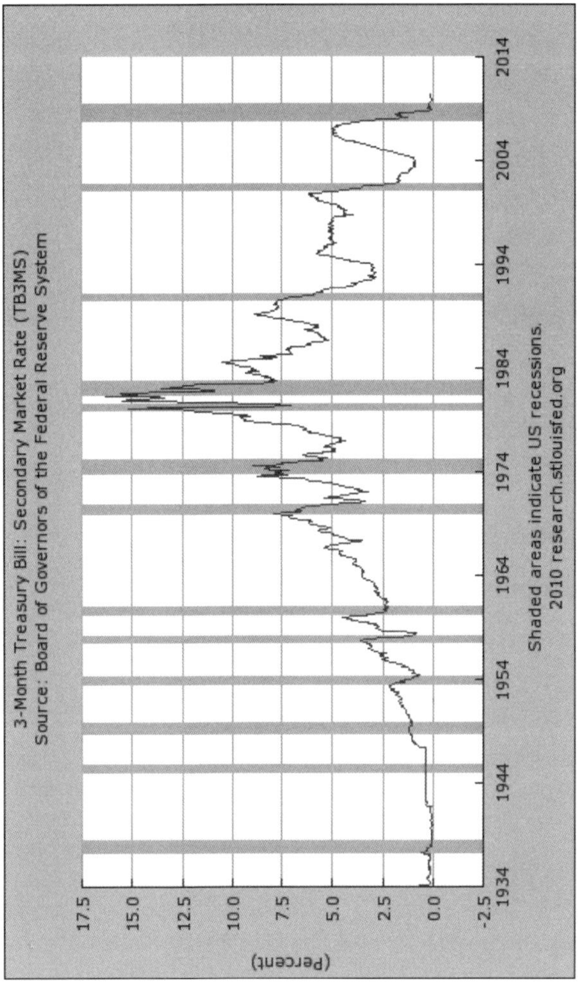

Graph 4: Historischer Überblick über die Zinsentwicklung für dreimonatige US-Staatsanleihen
Datenquelle: http://research.stlouisfed.org.

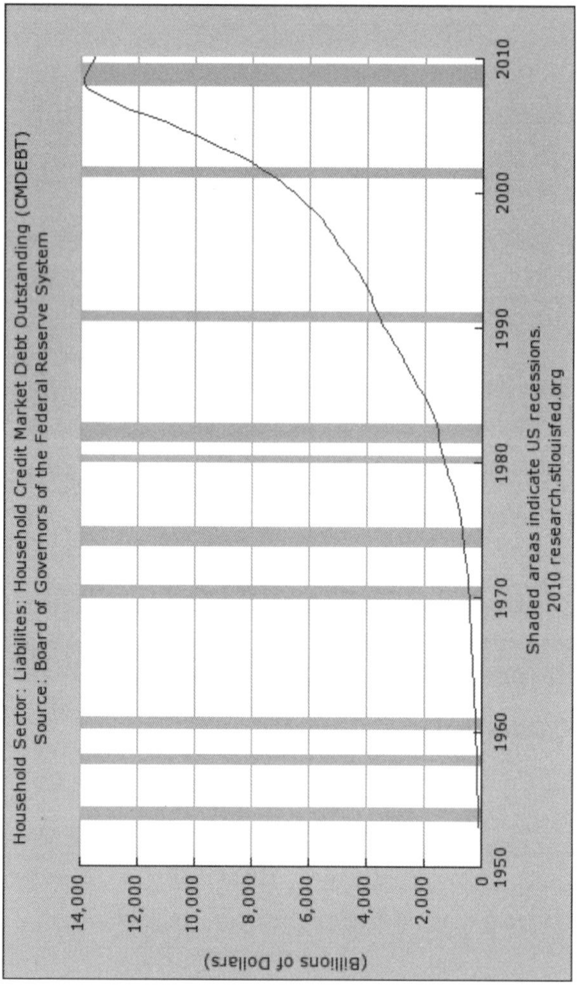

Graph 5: Ausstehende Zahlung der privaten Haushalte auf dem Kreditmarkt in Milliarden Dollar
Datenquelle: http://research.stlouisfed.org.

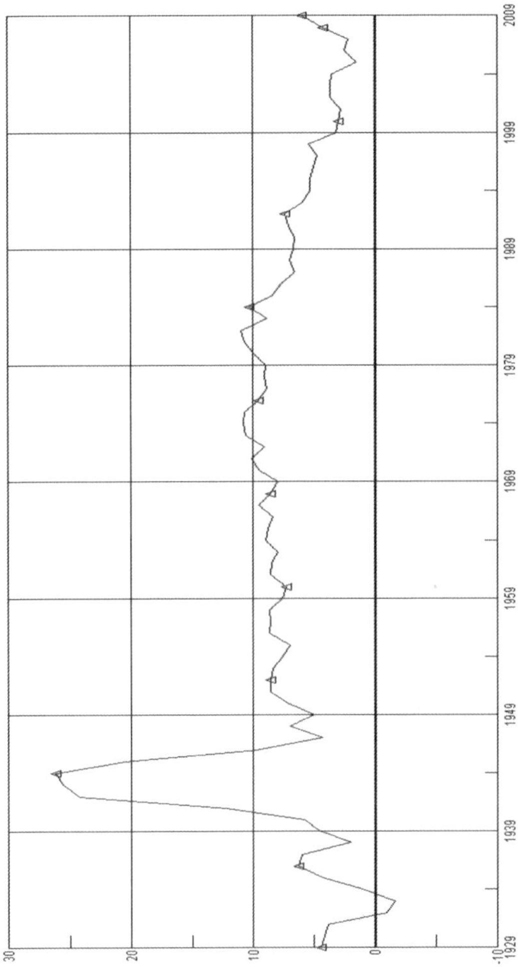

Graph 6: Pro-Kopf-Sparquote in den Vereinigten Staaten in Prozent vom zur Verfügung stehenden Einkommen
Datenquelle: Bureau of Economic Analysis

3.3.3 Krisenprävention und Krisenabschwächung

Die Welt hat bisher 31 Hyperinflationen gesehen. Der Großteil von diesen fand im 20. Jahrhundert statt. Die trabenden Inflationen, die meist bei wachsenden Inflationsraten von 5 % im Monat festgesetzt werden, sind alle unter einem Papiergeldstandard ohne Rücklagen (Fiatgeld) entstanden (Bernholz, 1977: 8/ Bernholz; Kugler, 2009: 167-168).[12] Die Hauptargumente, welche zur Gründung des FED geführt haben, waren die Fähigkeit einer Zentralbank, das Finanzsystem zu überwachen und mit einer flexibleren Geldpolitik auf Krisen zu reagieren. Inwieweit der Balanceakt im Fiatgeldsystem zwischen einer Überhitzung der Gelddruckmaschinen auf der einen Seite und der deklarierten Fähigkeit zur Prävention und Eindämmung von Krisen auf der anderen Seite gelingt, wird im Folgenden näher betrachtet.

12 Bernholz erwähnt die Französische Revolution als einzige Ausnahme. Dies ist jedoch nicht ganz korrekt. Im Zuge der Revolution wurden Bonds, sogenannte Assignate, herausgegeben, die durch vorher beschlagnahmte Besitztümer der Kirche gedeckt sein sollten. Diese zunächst verzinsten Bonds entwickelten sich zum Zahlungsmittel. Sehr schnell emittierte die französische Nationalversammlung mehr Assignaten, die im Wert sehr schnell verfielen und auch keine Zinsen mehr abwarfen. Die Besonderheit war jedoch, dass die Assignaten nicht gegen das Kircheneigentum eintauschbar waren. Die Währung funktionierte faktisch genauso wie anderes Fiatgeld, siehe White, Andrew D.: „Fiat Money Inflation in France – How it Came, What it brought, and How it Ended", D. Appleton-Century Company New York, 1933: 1-30.

Über die Fähigkeit, Krisen vorauszusagen, gibt es einige interessante Zitate des FED-Vorsitzenden Ben Bernanke im Vorfeld der aktuellen Finanzkrise:

> 19. Juli 2006: "It bears emphasizing that, because productivity growth seems likely to remain strong, the productive capacity of our economy should expand over the next few years at a rate sufficient to support solid growth in real output." (Bernanke, 2006)

> 17. Mai 2007: "All that said, given the fundamental factors in place that should support the demand for housing, we believe the effect of the troubles in the subprime sector on the broader housing market will likely be limited, and we do not expect significant spillovers[13] from the subprime market to the rest of the economy or to the financial system." (Bernanke, 2007a)

> 18. Juli 2007: "Employment should continue to expand [...]. The global economy continues to be strong. [...] For the most part, financial mar-

13 Der Spillover-Effekt respektive Übertragungseffekt drückt aus, dass eine Entscheidung ungewollte oder unantizipierte Folgen hat. Der Bau eines Hochhauses mag die Sicht eines anderen Hauses versperren und den Nutzen des Hauses für die Bewohner schmälern. Dies ist ein Beispiel für einen Spillover-Effekt.

> kets have remained supportive of economic growth." (Bernanke, 2007b).

Bernankes Vorgänger Alan Greenspan – in der Position als Vorsitzender des FED – sah ebenso keine gefährlichen Entwicklungen auf dem Hypothekenmarkt und spielte die Bedrohung herunter:

> 19. Oktober 2004: „Overall, while local economies may experience significant speculative price imbalances, a national severe price distortion seems most unlikely in the United States, given its size and diversity." (Greenspan, 2004).

Hierbei muss beachtet werden, dass dort nicht einzelne Individuen, sondern die ganze Organisation in ihren Prognosen daneben lag. Das FED ist eine Institution, welche allein für die ökonomische Forschung 450 Mitarbeiter unterhält, wovon die Hälfte über einen Doktortitel verfügt. 74 % aller in 2002 erhobenen Forschungsarbeiten zum Thema Geldpolitik wurden in Journalen, welche vom FED herausgegeben oder finanziert werden, oder zumindest von FED-Ökonomen mit veröffentlicht. Darüber hinaus veranstaltet das FED regelmäßige Konferenzen mit externen Ökonomen, bezahlt Forschungsarbeiten und vergibt Aufträge für wissenschaftliche Arbeiten außerhalb des eigenen Mitarbeiterkreises (White, 2005: 325-329). Die ausgebliebenen richtigen Prognosen und das Fehlen von regulatorischen oder geldpolitischen präventiven Maßnahmen werfen im Anbetracht der finanziellen und wissenschaftlichen Ressourcen des FED ein schlechtes Licht auf die Zielstellung, Krisen zu identifizieren und abzuwenden.

Natürlich sind volkswirtschaftliche Phänomene komplex und Millionen von Konsumentenentscheidungen und Präferenzen sind schwierig (wenn nicht sogar unmöglich) in ihrer Tendenz und ihrem Ausmaß auf den Märkten zu antizipieren. Ob man dies nun mit *„animal spirits"* à la Keynes oder mit der „Anmaßung von Wissen" von Hayek interpretiert, mag an dem Umstand nichts ändern, dass das System sich an dem messen lassen muss, was es sich selbst auferlegt hat. Die Möglichkeit besteht, dass diese Fehler, die im Zuge der Finanzkrise passierten und auch von der Institution eingeräumt wurden, nur Anomalien waren und die Instrumente zur Krisenvorhersage im Zuge vergangener Krisen besser angewendet wurden.

Der amerikanische Ökonom Dean Baker hat dazu geforscht und festgestellt, dass trotz deutlicher und vor allem zu dem Zeitpunkt verfügbarer Daten die *Dotcom*-Krise (2001) nicht von den verantwortlichen Institutionen und auch nicht von den Medien erkannt wurde. Noch im Jahre 2000, ein Jahr vor dem Platzen der Blase, welche aus überbewerteten Finanzpapieren in *New-Economy*–Branchen (IT-Sektor) entstand, wurde vom Vorsitzenden der Federal Reserve Bank Richmond, Alfred Broaddus, der wirtschaftlichen Entwicklung eine strahlende Zukunft vorhergesagt. Zu der gleichen Zeit machte sich Alan Greenspan darüber Sorgen, wie die schnell voranschreitende Tilgung der Staatsverschuldung durch die gute wirtschaftliche Entwicklung eingedämmt werden könnte. Greenspan befürchtete, dass durch die Tilgung der Staatsschuld ein starker rückläufiger *crowding-out*-Effekt[14] entsteht, der die Wirtschaft zum Erhitzen bringen könnte. Daraus folgernd wurden die Steuerkürzungspläne Bushs von Greenspan befürwortet. Dean Baker schlussfolgert in seiner Arbeit, dass ein Erkennen der Krise ein Leichtes gewesen wäre und viele unabhängige Autoren diese auch hervorgesagt haben (Baker, 2002: 2-9). Ob dieser provozierenden Aussage in ihrer Gänze zuzustimmen ist, kann bezweifelt werden. Fakt ist jedoch, dass das FED auch diese Krise nicht früh genug identifiziert hat und etwaige präventive Schritte nicht eingeleitet wurden.

Die Überprüfung der Fähigkeit des FED, Krisen abzuschwächen, ist äußerst schwierig. Dazu müsste eine historische Vergleichsanalyse mit der Entwicklung von alternativen Szenarien erfolgen. Diese für eine Krise als ein sozio-historisch einmaliges und nicht-reproduzierbares Ereignis zu entwickeln und gleichzeitig wissenschaftlichen Standards gerecht zu werden, ist ohne ein ausreichendes modelltheoretisches Rahmenwerk nicht möglich (vgl. de Soto, 2006: 467-477).

Bezüglich der Häufigkeit und Intensität von Krisen seit der Gründung des FED lassen sich jedoch einige Punkte auf-

14 Ein crowding-out-Effekt beschreibt den Rückgang von privaten Investitionen aufgrund der Ausweitung von staatlichen Ausgaben.

werfen. Krisenjahre vor 1913 waren 1873, 1884, 1893 sowie 1907 und wurden als Legitimation für das FED herangezogen.[15] Die Krisenjahre nach der Gründung 1920 bis 1921, 1929 bis 1933, 1937 bis 1938, 1980 bis 1982 und die aktuelle Krise sind in ihren Auswirkungen und ihrer Länge schwerwiegender als die Krisen vor 1913 (Selgin, 2010: 97). Dabei wird auch von „Mainstreamökonomen" bestätigt, dass die ersten drei Krisen nach 1913 zumindest zum Teil auf die Geldpolitik der Zentralbank zurückzuführen sind. Ein weiterer Hinweis auf die historischen Schwierigkeiten des FED in Bezug auf die Vorhersage und Eindämmung von Krisen, ist in der verzweifelten Maßnahme des „Urlaubstages" für Banken im März 1933 während der Großen Depression zu erkennen (Kaza, 2005: 87-88). Zusätzlich hat die Häufigkeit von Krisen mit der Ausweitung der Geldmenge, welche wie oben beschrieben seit Gründung des FED kontinuierlich angewachsen ist, gleichzeitig zugenommen (de Soto, 2006: 503-504).[16]

15 Zur Analyse der Gründe, wie Finanzkrisen ohne die Existenz eines Zentralbanksystems entstehen können (Tulpenkrise, Mississippiblase et cetera), siehe French, Douglas E.: „Early Speculative Bubbles and Increases in the Supply of Money", Mises Institut, 2009 und de Soto, 2006: 479-487.

16 Technologieverbesserungen wie das Internet ermöglichen es, viel schneller und überall auf den Finanzmärkten der Welt zu investieren. Diese Steigerung der Transaktionsgeschwindigkeit auf den Finanzmärkten spielt auch mit der gestiegenen Häufigkeit von Krisen zusammen.

3.3.4 Fazit

Eine tiefergehende Evaluation der Ziele des FED wäre problemlos möglich, aber an dieser Stelle nicht zielführend. Es wird deutlich, auch unter Rücksichtnahme, dass komplexe Phänomene wie Zinsen, Preisniveau und Wirtschaftskrisen von mannigfaltigen Gründen abhängen können, dass das FED die eigenen Zielstellungen nicht erfüllen konnte. Der Anspruch des FED, wie auf der Webseite formuliert: „The Federal Reserve, the central bank of the United States, provides the Nation with a safe, flexible and stable monetary and financial system" klingt im Anbetracht eines Wertverfalls des Dollar von 95 % seit der Einführung des Systems wie blanker Hohn. Darüber hinaus haben Wirtschaftskrisen in ihrer Intensität und Häufigkeit zugenommen, das Wirtschaftswachstum hat seit zehn Jahren stagnierende Tendenzen[17] und das Zinsniveau lässt sich weder als moderat noch langfristig als stabil bezeichnen. Inwieweit das FED etwas dagegen hätte tun können oder sogar selbst für diese Entwicklungen verantwortlich ist, wird in den nächsten Abschnitten dargelegt.

17 Siehe Fußnote 33.

4. Qualitative Analyse des Fiatgeldstandards

Fiatgeld ist Papiergeld, welches nicht mit realen Werten hinterlegt ist und in den meisten Fällen durch staatlichen Zwang als einziges gesetzliches Zahlungsmittel in einem bestimmten geografischen Raum verwendet werden darf.[18]

Demgegenüber steht ein Warengeld, dessen Zahlungskraft an ein hinterlegtes Gut wie zum Beispiel Silber oder Gold gekoppelt ist. Seit 1971 gibt es kein Land mehr auf der Welt, welches ein Warengeld verwendet (Hülsmann, 2009: 22). Dabei ist es interessant festzustellen, dass Ökonomen sich

18 Im deutschen System ist das durch das „Gesetz über die deutsche Bundesbank" im Paragraphen 14 geregelt. Dort heißt es im Abschnitt (1) „Die Deutsche Bundesbank hat unbeschadet des Artikels 106 Abs. 1 des Vertrages zur Gründung der Europäischen Gemeinschaft das ausschließliche Recht, Banknoten im Geltungsbereich dieses Gesetzes auszugeben. Auf Euro lautende Banknoten sind das einzige unbeschränkte gesetzliche Zahlungsmittel." Und weiter wird im Paragraphen 35 Abs. 1 eingeschränkt: „Mit Freiheitsstrafe bis zu fünf Jahren oder mit Geldstrafe wird bestraft, 1. wer unbefugt Geldzeichen (Marken, Münzen, Scheine oder andere Urkunden, die geeignet sind, im Zahlungsverkehr an Stelle der gesetzlich zugelassenen Münzen oder Banknoten verwendet zu werden) oder unverzinsliche Inhaberschuldverschreibungen ausgibt, auch wenn ihre Wertbezeichnung nicht auf Euro lautet". In den Vereinigten Staaten sind die Regelungen ähnlich und der Dollar das einzige staatlich erlaubte Zahlungsmittel.

bezüglich der Ineffizienz von Monopolen einig sind, jedoch heutzutage nur eine Minderheit eine Reform des Zentralbankensystems fordert. Es scheint in den Medien und in der „Mainstreamökonomik" keine Zweifel daran zu geben, dass das Monopol auf Währungsemittierung in der Hand des Staates sein muss.[19] Die ökonomischen Auswirkungen, die durch eine Geldmengenausweitung stattfinden, werden zunächst in den Abschnitten zur *Austrian Business Cycle Theory* und den Auswirkungen auf die Wirtschaftsrechnung diskutiert. Die Betrachtung der Gewinner und Verlierer durch immaterielles Zwangsgeld[20] erfolgt in einem nächsten Schritt. Abschließend werden die Argumente für ein Notenbanksystem kritisch betrachtet, die Effekte auf die Funktionen des

19 Es existiert eine Diskussion darüber, ob das FED eine private oder staatliche Institution sei. Wie im Abschnitt 3. schon festgestellt, ist das FED ein Hybrid, welcher vielen Einflüssen von Interessengruppen ausgesetzt ist. Die Entscheidungsmacht, insbesondere über die monetären Entscheidungen, liegt jedoch bei den vom Staat gewählten Mitgliedern des BoG, welche gleichzeitig die Mehrzahl des FOMC ausmachen. Die Diskussion übersieht, dass es äußerst unwahrscheinlich ist, dass das FED entgegen den Interessen der Politik handeln würde. Das FED wurde mit einfachen Gesetzgebungsverfahren geschaffen und könnte mit einfacher Mehrheit im Kongress abgeschafft werden. Im Abschnitt 4.4 werden die dahinterliegenden Anreizmechanismen besprochen, die es sehr unwahrscheinlich werden lassen, dass das FED monetäre Politiken verfolgen könnte, welche den Interessen des Staates zuwiderlaufen würden.

20 Immaterielles Zwangsgeld ist als ein Synonym zum Fiatgeld zu betrachten. Es ist immateriell, da es auf nichts als dem Vertrauen der Benutzer beruht und bis auf das Papier keine anderen Werte repräsentiert. Es ist Zwangsgeld, da Alternativen aufgrund der gesetzlichen Lage verboten sind.

Geldes analysiert und in einem Fazit die volkswirtschaftlichen Vor- und Nachteile des heutigen Systems abgewogen.

4.1 Austrian Business Cycle Theory

Jedem Student der Volkswirtschaftslehre wird schon in den ersten Semestern beigebracht, dass der Staat während einer Krise Folgendes zu tun hat: Die Geldmenge muss ausgeweitet und am besten müssen gleichzeitig noch die Staatsausgaben erhöht werden, um eine Krise abzumildern und den Gleichgewichtspunkt der aggregierten Nachfrage- und Angebotsfunktion einer Volkswirtschaft wiederherzustellen. Es wird unter anderem argumentiert, dass die niedrigen Zinsen und erhöhte Staatsausgaben:

a) Unternehmen stimulieren würden mehr Geld zu leihen, um damit neue Güter und Dienstleistungen zu produzieren, und

b) Konsumenten zu einer höheren Kaufbereitschaft bewegen, um der fehlenden Nachfrage (Unterkonsumption), welche nun die Krise konstituiert, entgegenzusteuern.

Die durch monetäre und fiskalische Stimuli veränderte Angebots- und Nachfragestruktur soll den Weg aus der Krise bahnen. Um eine Überhitzung der Wirtschaft, durch die ausgedehnte Geldmenge, und Inflation zu verhindern, soll nach der Überwindung der Krise die Geldmenge kontrahiert und die Staatsverschuldung zurückgefahren werden. Der letzte

Teil der keynesianisch geleiteten Politikempfehlung wurde in der Realität meist unzureichend bis gar nicht umgesetzt. In dieser Welt der aggregierten volkswirtschaftlichen Größen werden jedoch viele Effekte dieser Politik auf die Wirtschaft ignoriert.

Wie erwähnt ist der Leitzins der Zins, zu dem sich Banken Geld leihen können. Je niedriger dieser ist, desto niedriger ist das allgemeine Zinsniveau, da die Banken das Geld weitergeben. Wertpapieremittenten werden ihre Zinsen an dieses Niveau anpassen, weil sie sonst für die Kreditnahme mehr Zinsen bezahlen müssten, als der Finanzmarkt zu dem Zeitpunkt verlangt.

Was bedeutet nun dieser Zins für die ökonomischen Akteure? Mit dieser Frage wird nun das Phänomen der Wirtschaftszyklen aus der österreichischen Perspektive angegangen: Ein natürlicher Zins, welcher nicht durch eine Manipulation der Geldmenge verändert wurde, konstituiert sich aus folgenden zwei Faktoren. Zunächst ist der Zins das Ergebnis des Zusammenspiels von Angebot und Nachfrage nach gehaltenen und zur Verfügung stehenden Produktionsmitteln. Je mehr in einer Volkswirtschaft gespart wird, desto niedriger ist der Zins und umgekehrt. Der dahinterliegende Faktor der Zinsbestimmung ist die Zeitpräferenz in einer Volkswirtschaft (Rothbard, 2009: 15/ 367-445). Zum Beispiel wird ein Absolvent des Gymnasiums mit einer niedrigen Zeitpräferenz ein zukünftiges, vermeintlich höheres Gehalt durch eine akademische Ausbildung anstreben, als sein Mitschüler mit einer höheren Zeitpräferenz, der sich um einen Arbeitsplatz bemüht, um sofortige Bedürfnisbefriedigung durch höheren Konsum zu ermöglichen. Der natürliche Zins muss immer positiv sein, da Zeit ein knappes Gut ist und die Befriedigung eines Bedürfnisses früher denn später bevorzugt wird. Wenn zum Beispiel nächste Woche ein Komet alles menschliche Leben auf der Erde auslöschen würde, dann würde die Zeitpräferenz aller Akteure explosiv in die Höhe schnellen. Mit der Zeitpräferenz würde der Zins gleichzeitig in die Höhe gehen, weil kein Akteur sich ökonomischen Gewinn durch das Verleihen von Geld, über einen mehr als einwöchigen Zeitraum, verspricht. Der umgekehrte Fall eines niedrigen Zinses signalisiert, dass die Volkswirtschaft eher Güter in der Zukunft als in der Gegenwart nachfragen wird. Dies verändert die Kapitalstruktur, da nun mehr Produktionsmittel in die Produktion von zukünftigen Gütern investiert werden. Das heißt, Produktionsmittel werden von der Konsumgüterproduktion in die Kapitalgüterproduktion verlagert (Mises, 1963: 479-534). Kapitalgüter werden zur Herstellung von anderen Gütern benötigt.

Eine positive Sparquote und somit eine niedrigere Zeitpräferenz ist wichtig für die Entwicklung von Volkswirtschaften. Menschen, die um das tägliche Überleben kämpfen, können es sich nicht leisten zu sparen, und ohne freie Produktionsmittel sind keine Investitionen und somit kein Wachstum möglich. Dies lässt sich anhand einer einfachen Robinson-Crusoe-Ökonomie erklären: Nehmen wir an, dass Robinson Crusoe sich nur von Kokosnüssen ernährt und er jeden Tag acht Stunden damit verbringt auf Bäume zu klettern und die Nüsse zu ernten. In der restlichen Zeit erholt sich Robinson. Jedoch ist der einseitige Konsum von Kokosnüssen nicht sehr befriedigend und sehr anstrengend und Robinson entscheidet, sich eine Angel herzustellen. Dazu muss er jeden Tag mehr arbeiten, um zusätzliche Kokosnüsse zu ernten. Diese werden gespart, um während der Arbeit an der Angel nicht zu verhungern. Robinson Crusoe spart somit Konsumgüter, um ein Kapitalgut, die Angel, herzustellen. Mit dieser Angel kann er nun schneller Nahrung sammeln und hat mehr Zeit für Erholung respektive für weitere Investitionen, wie zum Beispiel die Errichtung einer Unterkunft oder Ähnlichem (Rothbard, 2009: 43-45).

In einer komplexen Wirtschaft ist es lohnenswert, wenn Menschen Kapital akkumulieren (sparen) und dieses Kapital anderen Personen temporär zur Verfügung stellen. Dies geschieht natürlich gegen einen entsprechenden Aufpreis, dem Zins. Banken sind wichtige Intermediäre in diesem Prozess der Austarierung vom Zinsniveau. Sparer und Leiher müssen sich nicht selbst auf die Suche nach einem Gegenpart begeben, welcher die gewünschte Geldsumme bereitstellt respektive nachfragt. Genauso wenig müssen Zinsverhandlungen mit allen möglichen Transaktionspartnern einzeln geführt werden. Das ist Aufgabe der Bank, welche mit diesen Leistungen Transaktionskosten reduziert.

Dies verändert sich jedoch mit der Etablierung einer Zentralbank. Das Kreditangebot hängt nicht mehr allein von dem

Angebot und der Nachfrage von Gespartem, sondern zu einem großen Teil von dem günstigeren Geldangebot durch die Zentralbank ab. Die Zentralbank kann neues, aus dem Nichts geschaffenes Geld zu günstigeren Bedingungen als der natürliche Zins an die Banken weitergeben. Die Geldmengenausweitung wird weiterhin durch die Kreditschöpfung um ein Zehnfaches verstärkt, da das heutige Teilreservesystem den Banken ermöglicht, nur 10 %[21] des Geldes, welches verliehen werden kann, zu halten. Wenn die Zentralbank eine Million Dollar emittiert, entsteht durch den Geldschöpfungsprozess im U.S.-amerikanischen System mit einer Mindestreserve von 10 % – nach einer gewissen Zeit – eine Geldmenge von zehn Millionen.[22] Dieser Mechanismus – dass Banken neu gedrucktes Geld erhalten, dieses durch die Mindestreserve zu 90 % an andere Banken weitergeben, welche 10 % des erhaltenen Geldes hinterlegen und 90 % weiter herausgeben – stellt den sogenannten Geldschöpfungsmultiplikator dar. So wird von der Weitergabe von Bank zu Bank zusätzliches Geld aus dem Nichts kreiert. Diese Prozesse, Zentralbankgeldausweitung plus Kre-

21 Im Zuständigkeitsbereich der Europäischen Zentralbank wird nur ein Reservesatz von 2 % verlangt.

22 Die Problematik solch eines Systems ist offensichtlich. Der Kunde einer Bank glaubt, dass sein Geld jederzeit erhältlich ist; de facto werden jedoch nur 10 % davon zurückgelegt und 90 % weiterverliehen. Neben den Business Cycle-Implikationen wird hier nicht weiter auf die Problematik eingegangen. Für die Entwicklung und Geschichte des Teilreservesystems siehe Fußnote 5 und Hoppe, Hans-Hermann: „How is Fiat Money Possible? Or the Devolution of Money and Credit", The Review of Austrian Economics, Ausg 7, Nr. 2, 1994.

ditgeldschöpfung, entkoppeln den Zins von gesparten, realen Werten in einer Wirtschaft.

Das durch die Geldmengenausweitung niedrige Zinsniveau vermittelt dem Unternehmer, dass die Befriedigung von zukünftigem Konsum im Vergleich zu heutigem Konsum profitabler wird. Der artifiziell hervorgerufene Eindruck der Zeitpräferenzverschiebung in einer Gesellschaft wird eine Verstärkung der Produktion im Kapitalgütersektor hervorrufen, da Investitionen in Zukunftskonsum Kapitalgüter benötigen. Es werden zahlreiche – nun lukrativ erscheinende Investitionen – begonnen und der Wirtschaftszyklus beginnt mit einem Boom (Mises, 1996: 28-35/ Polleit, 2010: 69-73). Die durch die Geldmengenausweitung gesteigerte Nachfrage nach Kapitalgütern und höherer Vergütung treibt die Preise derselben in die Höhe. Das gestiegene Lohnniveau schlägt sich in einer höheren Nachfrage nach Konsumgütern nieder, welche die Investoren in dem Glauben lässt, dass es sich um einen allgemeinen Aufschwung handelt. Günstige Kredite werden von den Banken weiterhin angenommen und die Ausweitung der Kredite um den Faktor zehn wird von den Banken ausgeschöpft.

Diese Hausse kann aus mehreren Gründen nicht über einen längeren Zeitraum fortgesetzt werden. Die Veränderung des Zinssatzes hat zwar die Nachfrage nach einer neuen Kapitalstruktur bewirkt, jedoch nicht die dazu benötigten

Produktionsmittel erhöht.[23] Die vielen scheinbar profitablen Unternehmungen können nicht alle zu Ende geführt werden

23 An dieser Stelle könnte eingeworfen werden, dass im Falle von unausgelasteten Produktionsmitteln, zum Beispiel nicht benutzten Produktionsmaschinen, eine Senkung des Zinses für zusätzliche Produktion, Beschäftigung und somit zu einer Stimulierung der Wirtschaft führen würde. An diesem Konzept gibt es an mehreren Stellen Kritik zu üben. Zunächst muss man sich die Frage stellen, warum diese Produktionsanlagen nicht verwendet werden. Hayek beantwortet die Frage in seinem Buch „Preise und Produktion" folgendermaßen (S. 94): „Das Bestehen von unausgenützten Produktionsanlagen ist daher nichts weniger als ein Beweis, daß Kapital im Überfluß vorhanden und etwa der Konsum unzureichend ist: ganz im Gegenteil, es ist ein Zeichen dafür, daß wir diese Produktionsanlagen nicht verwenden können, weil die laufende Nachfrage nach Konsumgütern zu dringend ist, um uns zu erlauben, die verfügbaren Produktivkräfte in den langwierigen Produktionsprozess zu investieren, für die wir (infolge von „Kapitalfehlleitungen") die entsprechende Ausrüstung haben." Weiterhin benötigt die Verwendung von ungenutztem Kapital auch weiteres Kapital, wie Produktions- und Hilfsstoffe, sowie Humankapital. Diese Kosten werden höchstwahrscheinlich von den Besitzern der Produktionsanlagen in die Wirtschaftskalkulation mit einbezogen. Somit ist es als Ökonom oder Politiker sehr gewagt zu behaupten, dass die Produktionsanlagen ohne weiteren Grund leerstehen und nur durch die Reduzierung des Zinssatzes aktiviert werden können. Jesús Huerta de Soto kommt in dem Zusammenhang auch zu dem Ergebnis, dass: „The theory of the business cycle teaches precisely that credit expansion unbacked by an increase in real saving will encourage the malinvestment of productive resources even when there is a significant volume of idle resources, specifically, unemployed labor. In other words, contrary to opinions expressed by many critics of the theory, full employment is not a prerequisite of the microeconomic distortions of credit expansion. When credit expansion takes place, economic projects which are not actually profitable appear so, regardless of whether they are carried out with resources that were unemployed prior to their commencement." (de Soto, 2006: 442)

(Hülsmann, 2007: 31). Dies ist nicht nur schädlich für die vermeintlichen Profiteure vom neu geschaffenen Geld, sondern gleichfalls für gesunde Unternehmungen. Die Kosten erhöhen sich mit einer allgemeinen Erhöhung des Preisniveaus und Ressourcen sind in nicht-nachhaltigen Unternehmungen gebunden (Mises, 1996: 553-556).

Ein weiterer Grund, warum solch ein Boom zu einem Ende kommen muss, ist, dass das erhöhte Preisniveau nur aufrecht erhalten werden kann, solange die Konsumenten glauben, dass es nur temporär ist. Konsumenten werden ein stark ansteigendes Preisniveau, welches aus immer neu geschaffenem Geld zwangsläufig resultiert, nicht akzeptieren und Bankruns und die Flucht in reale Werte werden wahrscheinlicher (Rothbard, 2009: 994-1001). In den meisten Fällen weiß die Zentralbank um diese Problematik und setzt sich die Aufgabe „to take away the punch bowl just as the party gets going".[24] Dass dies nicht so einfach ist, hat die derzeitige Finanzkrise und die Geschichte der Zentralbanken gezeigt. Im Jahre 2004 wurde aufgrund von Inflationsängsten von Alan Greenspan der Leitzins in schnell aufeinanderfolgenden Schritten angehoben. Dies hat die auf günstigem Kredit beruhende Blase auf dem Hypothekenmarkt zum Platzen gebracht und den unvermeidlichen Abschwung eingeläutet.

24 Zitat des ehemaligen Vorsitzenden des FED, William McChesney Martin Junior, über die Aufgabe einer Notenbank.

Es ist unbedeutend, welcher Grund zu einem Ende des Booms führt. Es ist unabdinglich, dass die unprofitablen Investitionen liquidiert werden müssen und die Ökonomie zurück zu der realen Angebots- und Nachfragestruktur gelangt. Den Fehler, solch einen künstlichen Boom hervorgerufen zu haben, zuzugeben, um dann in einem nächsten Schritt die notwendige Rezession zuzulassen, steht dem Interesse der Zentralbank und dem des Staates diametral gegenüber. Ein politisches Nichtstun im Anbetracht eines allgemeinen Abschwunges ist politisch nicht zu vermitteln. Die Lösung wird meist in mehr Regulierung und in denselben Mitteln, sprich Geldmengenausweitung, welche die Hausse hervorgerufen haben, gesucht.

Die *Austrian Business Cycle Theory* (ABCT) ist in der Lage, die immer wiederkehrenden Wirtschaftszyklen zu erklären und heutige wie vergangene Krisen auf die selben Stimulatoren zurückzuführen.[25] Die qualitativen und empirischen Untersuchungen zu diesem Thema bestätigen die Vorhersagen der Österreichischen Schule der Nationalökonomie.[26] Mit den

---

25 Für eine Besprechung von anderen Business Cycle-Theorien (Equilibrium Business Cycle Theory, Real Business Cycle Theory und Neukeynesianische Konjunkturtheorie) und deren Unterscheidung und Gemeinsamkeiten mit der ABCT siehe (Bagus, 2006: 49-45).

26 Trotz der relativen Unbekanntheit der Österreichischen Schule der Nationalökonomie (welche im Zuge der Krise immer mehr an Bedeutung erlangt) gibt es einige interessante empirische Arbeiten zu den Korrelationen der Vorhersagen der ABCT und den messbaren Ergebnissen. In diesen wird unter anderem dargelegt, dass der Boom in der Kapitalgüterproduktion zu finden ist und eine Krise mit der Ausweitung des Geldangebotes sowie

Worten von Murray N. Rothbard über die ABCT, welche zuerst von Ludwig von Mises in seinem Werk „Theorie des Geldes und der Umlaufmittel“ im Jahre 1912 formuliert wurde:

> „Thus, the Misesian theory of the business cycle accounts for all of our puzzles: The repeated and recurrent nature of the cycle, the massive cluster of entrepreneurial error, the far greater intensity of the boom and bust in the producers goods industries." (Rothbard, 1996: 38)

Da das Kreditsystem auf einer wackeligen 10 % Reservedeckung beruht, ist es nicht verwunderlich, dass es nicht viele Kreditausfälle benötigt, um eine Bank zahlungsunfähig werden zu lassen. Durch die Interdependenzen im Bankensektor kommen mehrere Banken in Zahlungsschwierigkeiten. Das erhöhte Ausfallrisiko lässt den günstigen Kredit versiegen und die Krise schwappt auf andere Bereiche der Wirtschaft über. Eine Rezession kündigt sich an und die Zentral-

---

einer Verzerrung von relativen Preisen einhergeht: Mulligan, Robert F.: „An Empirical Examination of the Austrian Business Cycle Theory, The Quaterly Journal of Austrian Economics, Ausg. 9, Nr. 2, 2006. Keeler, James P.: „Empirical Evidence of the Austrian Business Cycle Theory, The Review of Austrian Economics, Ausg. 14, Nr. 4, 2001. Wainhouse, Charles E., „Empirical Evidence for Hayek's Theory of Economic Fluctuations,“ in Barry N. Siegel (Hg.): „Money in Crisis: the Federal Reserve, the Economy, and Monetary Reform", Ballinger Publishing Co., Cambridge, 1984. Bismans, Francis; Mougeot, Christelle: „Austrian Business Cycle Theory: Empirical Evidence", The Review of Austrian Economics, Ausg. 22, Nr. 3, 2009.

bank sieht, laut den gängigen makroökonomischen Empfehlungen, die Argumentationsgrundlage für eine erneute Stimulierung der Wirtschaft durch günstigen Kredit. Mit einer erneuten Reduktion des Zinsniveaus wird jedoch die zugrundeliegende Problematik nicht angegangen. Die notwendigen Anpassungen durch Liquidierung und somit ein Abschwung der Wirtschaft werden nicht zugelassen. Diese Anpassungen werden in die Zukunft verschoben und damit nur noch verschlimmert. Durch eine Wiederholung der Politik wird der nächste Auf- und Abschwungszyklus eingeläutet (Hayek, 1970: 93-94).

4.2 Probleme in der Wirtschaftsrechnung

Der artifiziell niedrige Zins und die dadurch entstehenden Wirtschaftszyklen stellen die frappierendsten Verzerrungen in einer Volkswirtschaft durch die Geldmengenausweitung dar. Diese sind jedoch nicht die einzigen Verzerrungen und Probleme, die mit einer Manipulation der Geldmenge einhergehen. Im Weiteren werden die eher mikroökonomischen Effekte für die Unternehmer in einer Volkswirtschaft mit Fiatgeld beschrieben.

Inflation ist kein homogenes Phänomen. Preissteigerungen treten nicht für alle Produkte im gleichen Verhältnis und nicht mit gleicher Geschwindigkeit auf. Dieses Faktum erschwert die Wirtschaftsrechnung immens. Es ist unmöglich für einen Unternehmer herauszufinden, ob eine Preissteigerung durch eine höhere (nicht durch günstigen Kredit stimulierte) Nachfrage, Knappheitssignale oder durch monetäre Veränderungen verursacht wurde.

Wenn ein Unternehmer sich steigenden Preisen für seine Produkte gegenübersieht, wird dies als Gewinn in den Büchern vermerkt. Der Unternehmer kann einen Gewinn jedoch nur richtig einschätzen, wenn Preissteigerungen für die Aufrechterhaltung von Kapital auch korrekt antizipiert werden. Der aktuelle höhere Umsatz wird mit den älteren Werten für die Produktionskosten zum Gewinn verrechnet. Die nunmehr gestiegenen Kosten für die Produktionsgüter sind jedoch nicht in den älteren Kosten enthalten. Die Gefahr ist latent, dass der verbuchte Gewinn auf Konsum von Kapital beruht.
Der gleiche Irrtum tritt auf, wenn die Marktakteure sehen, dass ihre Immobilien oder Wertpapiere im Wert steigen. Es stellt sich der Eindruck ein, über mehr Wohlstand zu verfügen. Ein risikofreudigeres Konsumverhalten, welches zusätzlich durch die günstigen Kreditbedingungen verstärkt wird, ist die Folge. Die aus der monetären Veränderung resultierenden steigenden Preise werden jedoch zwangsläufig einen realen Kaufkraftverlust hervorrufen, welcher die Marktakteure realisieren lässt, dass ihr Ausgabenverhalten nur auf der Konsumption von Kapital beruht hat (Mises, 1963: 549-550/Rothbard, 2005: 58-59). All die hier genannten Punkte treffen selbstverständlich auch für Deflation zu. Jedoch ist der Grad der Antizipation das Ausschlaggebende. Die Möglichkeit, Preissteigerungen abzusehen und in die Wirtschaftsrechnung mit einfließen zu lassen, sinkt in

Anbetracht der Intransparenz und Instrumentenvielfalt des Notenbankensystems, der Unmöglichkeit der Quantifizierung und der Flussrichtung des neuen Fiatgeldes und dem oftmals fehlenden Verständnis für die monetären und ökonomischen Zusammenhänge.

4.3 Verlustträger unter einem Fiatgeldstandard

Allein durch das Bedrucken von Papier kann kein Wohlstand geschaffen werden. Nichtsdestoweniger ist die Argumentation vieler Ökonomen genau diese. Die Geldmenge müsse ausgeweitet werden, um das Wirtschaftswachstum anzukurbeln. Neben den Problemen der Wirtschaftsrechnung und den Auf- und Abschwungszyklen, welche mit einer Geldmengenausweitung einhergehen, sind auch bestimmte Gruppierungen in der Gesellschaft von den Auswirkungen des Fiatgeldes stark beeinflusst. Diese Effekte werden im Folgenden näher untersucht.

4.3.1 Kreditgeber versus Kreditnehmer

Dass Sparen für die wirtschaftliche Entwicklung essenziell ist, wurde bereits dargelegt. Ein durch die Geldmengenausweitung niedriger Zinssatz macht Sparen in einer Volkswirtschaft unattraktiver. Eine Abschätzung von langfristigen realen Zinssätzen ist aufgrund von Inflation schwierig und risikoreich. Attraktive Zinsen können im Anbetracht eines allgemein niedrigen Zinsniveaus nur mit einem entsprechenden Risiko angeboten werden.

Dies spiegelt sich auch in den komplexen und oftmals unverstandenen Finanzmarktprodukten im Zuge der Finanzmarktkrise wider. Diese Wertpapiere, welche zusammengesetzt sind aus verschiedenen Hypotheken und Konsumentenkrediten, wurden in Tranchen aufgeteilt, gegen Ausfall versichert und auf dem Markt als Alternative zu Staatsanleihen angeboten. Letztere sind im Zuge der langen Niedrigzinspolitik des FED, trotz ihrer hohen Ausfallsicherheit, unattraktiver geworden und die *Mortgage Backed Securities, Asset Backed Securities* etc. waren eine attraktive Alternative mit höheren Zinsgewinnen und gleichem Sicherheitsrating (AAA für die obersten Tranchen) zu den Staatsanleihen.

Die korrekte Antizipation von Inflation und somit die korrekte Bestimmung des Realzinses für Kredite steigt im Schwierigkeitsgrad mit der Laufzeit des Kredites an. Die Wahrscheinlichkeit, dass Zinszahlungen durch die Inflation nichtig gemacht werden, ist latent gegeben. Auf der anderen Seite ist Konsum durch Kreditaufnahme attraktiver, da durch die Inflation jede Geldeinheit, welche zurückgezahlt wird, weniger wert sein wird als die Benutzung in der Gegenwart. Es wird attraktiver, Kreditnehmer als Kreditgeber zu sein (Rothbard, 2007: 59). Diese Anreizverschiebung wird durch die sinkende Sparquote sowie die steigende private und öffentliche Verschuldung ausgedrückt.

4.3.2 Inflationssteuer

Der Staat unterscheidet sich von einer Unternehmung dadurch, dass er kein Geld verdient, indem er Güter oder Dienstleistungen anbietet, sondern es von den Bürgern durch das Gewaltmonopol entwendet. Der Staat kann sich auf dreierlei Arten finanzieren:

a) durch die Besteuerung der Bürger,

b) durch Kreditaufnahme und somit durch die Abgabe des Versprechens gegenüber den Gläubigern, zukünftige Generationen zu besteuern, und

c) durch die Ausweitung der Geldmenge.

Von a) nach c) wird das grundlegende Faktum, dass der Staat sich fast ausnahmslos durch die Besteuerung der Produktivität seiner Bürger finanziert, mehr und mehr verschleiert. Könnte zum Beispiel der U.S.-amerikanische Staat den Irakkrieg nur durch Steuereinnahmen finanzieren, würde dadurch die Steuerbelastung direkt anwachsen und dadurch der Widerstand gegen einen kostspieligen Krieg stärker ausfallen. Begriffe wie die öffentliche Verschuldung oder das Außenhandelsdefizit, welche nichts anderes als zukünftige Forderungen gegenüber den Bürgern darstellen, werden weniger als eine Gefahr für das eigene Einkommen wahrgenommen, als ein Blick auf die Steuerabzüge auf der Gehaltsabrechnung. Gleichwohl stellen die Staatsschulden ein Versprechen an die Gläubiger dar, in der Zukunft das Geld von den Bürgern zu beschaffen.

Die unauffälligste Art und Weise die Staatseinnahmen zu erhöhen, geschieht durch die Ausweitung der Geldmenge. Der Zinsgewinn, den das FED durch den Kauf von Staatsanleihen mit meist digital geschaffenem Geld erhält, ist seit 1913 zu 95 % an den amerikanischen Staat geflossen. Dies sind jährlich hohe zweistellige Milliardenbeträge. Dieses Geld steht nun dem Staat für Ausgaben zur Verfügung, wird durch die Wirtschaft fließen und zwangsläufig die Kaufkraft des Dollars reduzieren (Rothbard, 2005: 55-56).

Der Staat hat jedoch noch einen weiteren Anreiz, die Ausweitung der Geldmenge zu befürworten. Heutzutage sieht sich fast jeder Staat einem beträchtlichen Schuldenberg gegenüber. Die hervorgebrachten Argumente im Abschnitt über die Kreditgeber versus Kreditnehmer treffen nun genauso für den Staat als größten Kreditnehmer zu. Wenn das Geld immer weiter an Kaufkraft verliert, sinkt der Wert der Staatsschulden. Geldmengenausweitung wirkt somit wie eine indirekte und direkte Steuer. Die indirekte Besteuerung wird von den meisten Bürgern nicht wahrgenommen, weil das Verständnis für Geldtheorie fehlt, die Institution der Zentralbank nicht hinterfragt oder verstanden wird und der Prozess über einen langen Zeitraum sowie nicht homogen verläuft. Inflation wirkt somit wie eine Steuer auf das Halten von Geld. Direkt wird der Bürger jedoch sehr stark mit dem Problem konfrontiert. Durch die steigenden Nominaleinkommen rutschen Bürger in höhere Einkommensklassen und müssen größere Anteile ihres Einkommens durch die vielfältigen prozentualen Steuern auf Einkommen, Umsatz, Eigentum und so weiter an den Staat abführen ohne jedoch real an Vermögen gewonnen zu haben, da die Kaufkraft jeder Geldeinheit durch die Ausweitung der Geldmenge gesunken ist (Hülsmann, 1997: 85-87). Dieses Phänomen wird auch kalte Progression genannt.

4.3.3 Umverteilung

Neu bedrucktes Papiergeld ist am wertvollsten in den Händen derjenigen, die zuerst darüber verfügen können. Dies sind in der Regel Banken und Staaten. Bevor eine Preissteigerung als Effekt auftreten kann, muss neu geschaffenes Geld ausgegeben werden. Wenn dies geschieht, dann haben die Erstbenutzer den größten Nutzen, da sich die Preise zu dem Zeitpunkt noch nicht erhöht haben. Erst wenn das Geld in bestimmten Projekten und Bereichen der Wirtschaft ausgegeben wird, fließt es von Hand zu Hand und erhöht allmählich die Preise (Rothbard, 2008: 49).

Nehmen wir an, dass die Notenbank direkt Anleihen vom Staat im Wert von zehn Milliarden Euro kauft. Das neue Papiergeld wird vom Staat in ein Bauprojekt zur Stimulierung der Wirtschaft gesteckt. Es wird eine neue Autobahn vom Süden in den Norden eines Landes errichtet. Ein Bauunternehmer bekommt den Auftrag und stellt mehr Leute ein und bezieht die benötigten Materialien von Zulieferern. Die Zulieferer erzielen einen Gewinn und die nun in Lohn und Brot stehenden Arbeiter geben das Geld für ihre Konsumwünsche aus. Das Geld fließt immer weiter durch die Wirtschaft und erhöht langsam die Preise. Die Einkommen der Menschen, die nicht in diesen Prozess involviert sind, wie zum Beispiel Bürger, die im Westen oder Osten des Landes wohnen, also geografisch von der Investition getrennt sind, und Bürger, welche in Branchen arbeiten, die nicht von der Investition und den steigenden Ausgaben der Geldnehmer profitieren, haben keinen Nutzen von diesem Konjunkturpaket. Die Einkommen dieser Personen sind nicht gestiegen, jedoch haben sich die Preise für konkurrierende Bauunternehmen und für von dem Konjunkturpaket unbetroffene Zweige der Wirtschaft erhöht. Der reale Kaufkraftgewinn der Erstbenutzer stellt eine Umverteilung von denjenigen dar, die das Geld zuletzt oder gar nicht erhalten.

Besonders betroffen von dieser Umverteilung sind Bezieher von Festgeldeinkommen, wie Rentner, Arbeitslose, Vermieter mit Langzeitverträgen und andere Wirtschaftsakteure mit einem fixen Einkommen (Rothbard, 2008: 50).

4.4 Profiteure unter einem Fiatgeldstandard

Die Gewinner eines Fiatgeldstandards wurden, durch die Beschreibung der Effekte für Kreditnehmer versus Kreditgeber, dem Wirken der Inflationssteuer und die Umverteilung, implizit schon genannt. In den folgenden Abschnitten werden die drei zentralen Profiteure – die Notenbank, der Bankensektor und der Staat – genauer betrachtet. Es wird untersucht, ob Anreize existieren, die dazu führen, dass es für diese Akteure immer attraktiver sein wird, die Geldmenge auszuweiten, als diese einzuschränken.

4.4.1 Die Notenbank

Das FED hat ein eigenes vom Staat unabhängiges Budget und erzielt Gewinn durch die Zinsen, die es auf die verschiedenen Wertpapiere erhält. Davon werden 6 % Zinsen auf das von den Mitgliedsbanken eingezahlte Kapital ausgeschüttet und die allgemeinen Kosten des Systems gedeckt.

Für die Betrachtung des FED werden die Annahmen des sogenannten Niskanen-Modells, welches der ökonomischen Theorie der Bürokratie zugehörig ist, zugrunde gelegt. Das Modell besagt, dass eine Bürokratie den eigenen Nutzen maximiert, wenn sie über möglichst viel Einfluss, Einkommen, Mitarbeiter und Ausstattung verfügt. Diese Annahmen sind realitätsnah und werden helfen, die Entwicklung des FED anhand einiger Kenngrößen zu interpretieren.

Das FED hat etwa 25.000 Mitarbeiter, welche sich größtenteils auf die zwölf Distriktbanken und das *Board of Governors* verteilen. Die Gehälter der Mitarbeiter sind laut einer Untersuchung des *General Accounting Office* „[...] relatively generous compared with those of government agencies with similar responsibilities" (GAO, 2002: 10). Laut der Untersuchung wurden erste Schritte zur Besserung dieser Situation von Seiten des FED eingeleitet. Es ist jedoch interessant, sich die Entwicklung der Gehälter der *Federal Reserve*-Distriktbanken anzuschauen. Es wurde stark an Personal abgebaut, aber dennoch sind die Ausgaben für Gehälter jährlich angestiegen:

Jahr	Angestellte der Mitgliedsbanken	Totale Kosten für Gehälter
2000	23,056	1,098,396,041
2001	23,438	1,188,467,226
2002	22,297	1,197,026,080
2003	21,459	1,214,866,657
2004	20,217	1,216,665,594
2005	19,433	1,224,818,438
2006	19,256	1,272,126,298
2007	19,030	1,334,018,695
2008	17,965	1,383,973,408
2009	17,398	1,462,373,355

Tabelle 1: Summe aller Angestellten und Gehaltskosten der zwölf Distriktbanken des FED in Dollar
Datenquelle: Annual Report 2000-2009, Reports to Congress, Board of Governors of the Federal Reserve System, www.federalreserve.gov.

Die gleiche Tendenz des fast (Reduzierung der Ausgaben zwischen 2004 und 2005) kontinuierlichen Wachstums der Ausgaben zeigen die folgenden Daten:

Jahr	Ausgaben Board of Governors	Jahr	Ausgaben Board of Governors
1986	83,995,641	2002	239,845,592
1987	86,191,508	2003	254,773,598
1988	89,925,198	2004	280,668,081
1989	95,293,166	2005	274,262,442
1990	102,399,375	2006	295,875,595
1991	109,808,806	2007	333,827,291
1992	122,810,023	2008	360,214,397
...	...	2009	406,221,071

Tabelle 2: Jährliche Ausgaben des Federal Reserve Board of Governors in Dollar
Datenquelle: Annual Report: Budget Review 2002-2009 & 1995-1996, Reports to Congress, Board of Governors of the Federal Reserve System, www.federalreserve.gov.

Der originäre Bericht des *General Accounting Office* aus dem Jahre 1996 belegt, dass das FED verglichen zu anderen bundesstaatlichen Behörden ein stärkeres (inflationsbereinigtes) Wachstum der Ausgaben aufweist. Zwischen 1988 und 1994 sind diese um 48 % gestiegen und die Entwicklung der Ausgaben des BoG oder der Gehälter der Distriktbanken lassen eine Abweichung von diesem Trend unwahrscheinlich werden (Bowsher, 1996: 4).

Die Freiheiten, welche der Notenbank insbesondere hinsichtlich der Transparenz eingeräumt werden, sind beachtlich. Die Generalinspektorin Elizabeth Coleman – Leiterin der internen Untersuchung des FED – konnte während einer Befragung vor dem Kongress keine Aussagen über den Verbleib von neun Billionen Dollar machen, welche das FED außerhalb der Bilanz angegeben hatte. Über den Verbleib dieser immensen Summe und somit über die Empfänger des Geldes hat sie innerhalb der Anhörung keinerlei Informationen geben können (Coleman, 2009). Dieses Geld wurde im Rahmen der finanziellen Rettungspakete des amerikanischen Staates bereitgestellt und es wird von FED-Seiten argumentiert, dass eine Herausgabe der Namen der Empfängerunternehmen oder -banken die Stabilität dieser Unternehmungen gefährden würde (Pittman; Ivry, 2009). 2008 gab es einen weiteren Fall, bei dem abermals für die Öffentlichkeit nicht nachvollzogen werden konnte, welche Institutionen Finanzhilfen von insgesamt zwei Billionen Dollar erhalten haben. Dieser Eingriff stellt die erste Maßnahme seit 1930, bei der Gelder auch zu Nicht-Banken geflossen sind, dar. Das Medienunternehmen Bloomberg hat in beiden Fällen gegen das FED geklagt und sich auf den *Freedom of Information Act* berufen und konnte einen Erfolg bezüglich der Veröffentlichung von Informationen über den Verbleib von den verteilten zwei Billionen Dollar erzielen. Das FED entscheidet zurzeit, ob es nach zwei verlorenen Einsprüchen gegen die Klage Bloombergs abermalige Revision, diesmal beim Supreme Court, einlegen will. Weiterhin wurde ein Gesetz *(Dodd-Frank Act)* verabschiedet, welche das FED zwingen wird, ab dem 1. Dezember 2010 Daten über Transaktionen im Zuge der Banken- und Unternehmensrettung zu veröffentlichen (Glovin; Voris, 2010). Diese Daten sind auf der Webseite www.federalreserve.gov/newsevents/reform.htm einsehbar.

Wichtige Teile des Gesetzes wurden jedoch nicht umgesetzt. Über die Kriterien der Verteilung und den Entscheidungsfindungsprozess herrscht weiterhin Transparenzlosigkeit. Eine Kommission des *Government Accountability Office* hat den Auftrag, die 21.000 veröffentlichten Transaktionsdaten bis zum 21. Juli 2011 genauer zu betrachten und einen Bericht zu erstellen. Die größten Nutznießer der kurzfristigen Notfallkredite mit niedrigen Zinsen können jedoch identifiziert werden: Goldman Sachs mit 600 Milliarden, Morgan Stanley mit fast zwei Billionen, City Group mit 1,8 Billionen, Bear Stearns mit einer und Meryll Lynch mit 1,5 Billionen Dollar. Die Unterstützung kam jedoch nicht nur Banken zugute. Gelder flossen auch zu privaten Unternehmen und ausländischen Banken, wie McDonald's, Caterpillar, General Electric, Verizon, Deutsche Bank, UBS und Société Générale (Sanders, 2010). Dem FED und anderen staatlichen Organisationen die finanzielle Entscheidungsgewalt (*off-balance-sheet Accounts*, Konjunkturpakete, Notfallkredite etc.) von dem circa Zwölffachen aller sich im Umlauf befindenden amerikanischen Dollarnoten (2009 waren es 899,8 Milliarden Dollar) zu geben, stellt eine sehr drastische Maßnahme zur „Rettung" der Wirtschaft dar.

Das FED hat einen eigenen institutionsökonomischen Anreiz zur Inflationierung der Geldmenge. Das Budget ist nur an die eigenen Ausgaben geknüpft und die zusätzlichen jährlichen Mehreinnahmen gehen an das Schatzamt. Dies stellt natürlich einen paradiesischen Zustand für einen Bürokraten im Niskanen-Modell dar. Die Tendenzen zur Ausdehnung des Budgets sind Auswüchse dieser Anreize. Die Möglichkeit, über das eigene Budget zu bestimmen, sowie die bisher intransparente Macht über die Existenz von Banken und Unternehmungen zu entscheiden, machen das FED zu einer einzigartig mächtigen Institution.

4.4.2 Der Bankensektor

Wenn eine Branche dazu in der Lage wäre, die Preise für ihre Produkte unabhängig von Angebot und Nachfrage zu setzen und darüber hinaus die Kunden zu der Benutzung ihrer Produkte zwingen zu können, würde es zu Recht als unvereinbar mit marktwirtschaftlichen, rechtsstaatlichen und vor allem auch moralischen Prinzipien bewertet werden. Dies ist genau der Fall im Bankensektor. Eine Zentralbank macht nichts anderes als den Preis für das Produkt der ganzen Bankenbranche zu bestimmen. Es wird postuliert, dass das FED unabhängig ist (wobei gleichzeitig möglichst viele Interessen der Wirtschaft, des Bankensektors und vor allem des Staates explizit berücksichtigt werden sollen). Dies ändert jedoch nichts daran, dass die Anreize, die durch die Monopolstellung der Notenbank gesetzt werden, den Banken sehr entgegenkommen. Die offensichtlichsten Vorteile liegen darin, dass ein niedriger Leitzins bedeutet, dass die Banken sehr viele Kredite zu günstigen Konditionen anbieten können und ein Rettungsnetz für Banken durch den Geldgeber der letzten Instanz bereitgestellt wird.

In einem zentralbanklosen System sind Banken in ihrem Handeln sehr stark eingeschränkt. Ohne die Pflicht zu einer Mindestreserve haben Banken einen Anreiz, diese Reserve immer weiter zu reduzieren. Dazu muss eine Bank jedoch das Risiko einschätzen können und möglichst gering halten. Dieses Risiko besteht darin, dass zu viele Kunden gleichzeitig nach ihren Einlagen verlangen, dadurch die Mindestreservesumme unterschritten wird und die Bank somit bankrott wäre. In solch einem System hätten andere Banken den Anreiz, Einzahlungen in einer Bank mit niedrigen Reserven zu tätigen, um diese dann auf einen Schlag hinauszuziehen und damit die Bank zahlungsunfähig zu machen. Dies würde einen Wettbewerber eliminieren und den Kundenkreis der übriggebliebenen Banken erhöhen. Um diese Gefahr wissend, gibt es in solch einem System Anreize zur Kartellisierung. Jedoch ist der Anreiz, auf diese Art und Weise Wettbewerber auszuschalten, weiterhin unter einem Kartell gegeben. Es besteht die Motivation für Banken, außerhalb des Kartells in den Markt einzutreten, weil ein solideres und transparenteres Produkt eine höhere Nachfrage aufweisen würde. Natürlich ist solch eine Situation unter Banken unerwünscht und es wäre für die Banken angenehmer, wenn solch ein Risiko ausgeschaltet sein könnte (Bagus, 2003/ Rothbard, 2009: 118-120).

Dieses Risiko wird mit einer Mindestreservepflicht und dem Zwang, nur eine Währung in einem Land benutzen zu dürfen, umgangen. Wenn alle Banken an diesem System teilnehmen müssen, dann wird Konkurrenz durch das Angebot von anderen Geldarten ausgeschaltet. Dass das FED eher im Sinne der Banken handelt, spiegelt sich auch in einer der ersten Entscheidungen des FED wider. Im Jahre 1917 wurde eine Reduzierung der Mindestreserve von 21 auf 10 % beschlossen (Rothbard, 2009: 138). Dies stellt einen riesigen Gewinn für die Banken dar, da diese nun mehr Geld aus dem Nichts schaffen und darauf Zinsen verlangen können.

Diese Rahmenbedingungen fördern *Moral Hazard*.[27] Alle Banken habe nun gemeinsam den Anreiz, die Geldmenge auszuweiten. Je risikoreicher das Verhalten, desto größer ist das Wachstumspotenzial für die Banken. Dies führt zu einer Oligopolisierung, da kleine Banken mit wenig Kunden sich weniger Risiken erlauben können als große Banken. Dabei macht es in einer Krise oftmals keinen Unterschied, ob eine einzelne Bank starke Risiken eingegangen ist oder nicht, da der Bankenmarkt so interdependent ist, dass der Ausfall von einigen Banken eine Kettenreaktion auslösen kann.

Die Finanzkrise von 2007 hat gezeigt, dass dieses risikofreudige Verhalten in den seltensten Fällen bestraft wird. Dies kann, wie in der aktuellen Krise, durch neues Geld von

27 *Moral Hazard* wird unter anderem als die Bereitschaft zur unvernünftigen Risikoaufnahme verstanden.

der Zentralbank, durch staatliche Garantien oder, wie historisch auch vorgekommen, durch die Legitimierung von Zahlungsverweigerungen geschehen (Hülsmann, 1997: 88-90). Ein weiterer Schritt zur Kartellisierung erfolgte durch ein amerikanisches Gesetz im Jahre 2008, welches große Banken dazu ermutigt, kleinere zu kaufen, weil letztere wie beschrieben im Ablauf einer Krise größere Probleme haben als Großbanken (Ivry, 2009).

Das Prinzip von Walter Bagehot von der Zentralbank als „Lender of Last Resort" wird heutzutage so verstanden und angewendet, dass große Banken aufgrund von systemischen Risiken gerettet werden und kleine Banken bankrott gehen dürfen.[28] Da risikoreiches Verhalten sich auszahlt, ist der Gesetzgeber dazu gezwungen, immer mehr und mehr Regularien im Finanzmarkt zu etablieren, um dieses Verhalten möglichst einzudämmen. Jedoch wird neu geschaffenes Geld früher oder später durch die Wirtschaft fließen. Dies ist aus dreierlei Gründen der Fall: Zunächst wird Profitstreben die Banken dazu bewegen, bei besseren wirtschaftlichen Bedingungen den Interbankenhandel aufleben zu lassen und die Kreditvergabe durch den niedrigen

28 Dabei wird heute von den Befürwortern eines solchen Systems gerne übersehen, dass Bagehot ein starker Kritiker von Zentralbanken aufgrund ihrer destabilisierenden Wirkung auf die Finanzmärkte war. Walter Bagehot sah das Prinzip des letzten Kreditgebers (in seinem Buch Lombard Street) nur als Möglichkeit zur temporären Abschwächung der ungesunden Effekte durch die von ihm unerwünschte Institution einer Zentralbank an (Selgin, 2010: 97-98).

0,25-prozentigen Zentralbankzins auszudehnen. Zweitens haben die meisten Staaten höhere Ausgaben als Einnahmen und müssen somit Kredite aufnehmen, um ihre Ausgaben zu finanzieren. Drittens sind Staaten darum bemüht, die Wirtschaft zu stimulieren und geben oftmals Geld durch Defizitfinanzierung an die Wirtschaft weiter.

Da die Geldmenge weit schneller als das Wirtschaftswachstum steigt und es auch nicht gleichmäßig durch die Wirtschaft fließt, bedeutet dies neue Investitionstätigkeit in einem gewinnversprechenden Sektor. Dies steigert die Aussicht auf Profit, welche mehr Investitionen nach sich zieht, und ein erneuter Boom entsteht. Wenn der Staat eine Quelle für überbordende Investitionen – wie zum Beispiel zusammengefasste Hypothekenpapiere – einschränkt, wird das den Fluss des Geldes, sprich die Suche nach neuen Investitionen, Finanzprodukten oder spekulativen Geschäften nicht verhindern. Regulierung ist in Anbetracht dieser Mechanismen zu kurz gegriffen, da der dahinterliegende Faktor eines vom Staat geschützten Monopolgeldes weiterhin den Nährboden für weitere Krisen bereitstellt.

4.4.3 Der Staat

Da die Erstbenutzer von frisch geschaffenem Fiatgeld den größten Nutzen auf Kosten der späteren Empfänger des Geldes haben und Kreditnehmer die Profiteure von Geldmengenausweitung darstellen, ist der Staat in mehrfacher Hinsicht ein Profiteur einer lockeren Geldpolitik:

a) Zinsgewinn

Wie bereits erwähnt, gingen bisher 95 % des Zinsgewinnes des FED an den U.S.-amerikanischen Staat. Je weiter die Geldmenge ausgeweitet wird und je mehr Wertpapiere damit von dem FED erworben werden, desto größer ist der Gewinn für den Fiskus.

b) Unendliche Nachfrage von Staatsanleihen durch das FED

Neu gedrucktes Papiergeld wird durch den Kauf von Staatspapieren[29] von dem FED zu den Banken transferiert und gelangt somit in den Wirtschaftskreislauf. Der Staat stellt somit einen Erstbenutzer dar und profitiert von den erwähnten Vorzügen dieses Status. Durch die Tatsache, dass das FED primär Schuldverschreibungen im Zuge der Geldpolitik erwirbt, ist einer Verschuldung des Staates kaum Grenzen gesetzt. Es können immer weiter Schuldverschreibungen emittiert werden, ohne dass der Staat sonderlich auf Angebot und Nachfrage nach seinen Papieren achten muss. Der Großabnehmer FED wird diese bereitwillig auf dem Offenmarkt erwerben. So wurde im Jahre 2009 ein Großteil der emittierten U.S.-Staatsanleihen (von 1,885 Billionen Dollar neu aufgenommen Schulden) vom FED direkt gekauft. Die genaue Prozentzahl der Direktkäufe des FED ist schwer zu

29 Zu den weniger bedeutenden Offenmarktgeschäften des FED siehe Fußnote 6.

ermitteln. Im zweiten Quartal 2009 wurden 50 % der neu emittierten Staatsanleihen direkt gekauft. Der Wirtschaftssender CNBC geht sogar soweit zu sagen, dass 80 % direkt gekauft wurden (CNBC, 2010). Die Unschärfe der Zahlen liegt an der Intransparenz und der Art der Veröffentlichung der Daten.[30] Die seit Jahrzehnten steigende und sich mittlerweile auf einem Rekordhoch befindende öffentliche Verschuldung und die kontinuierliche Geldmengenausweitung gehen somit miteinander einher. Durch die künstliche Ausweitung der Nachfrage für Staatsanleihen steigt deren Preis und die zu zahlenden Zinsen sinken. Auf einem Markt für Staatsanleihen wären die Bedingungen ohne den Großkäufer FED zur Aufnahme neuer Schulden signifikant schlechter. Dies würde eine besonnenere Fiskalpolitik erzwingen, weil sonst die Schuldenlast schneller selbstbeschleunigende Tendenzen aufzeigen und die Nachfrage nach diesen Papieren von dem Vertrauen der Bürger abhängen würde. Diese Einschränkungen wurden weitgehend ausgehebelt und der

30 In den Berichten des FED über die Kategorisierung und den Umfang der Käufe (Flow of Funds Accounts of the United States Flows and Outstandings) ergibt sich bei genauerer Betrachtung das erstaunliche Bild, dass bei schlechteren Marktbedingungen für Staatsanleihen der hochverschuldete „Household"-Sektor die Käufe um das 35-fache gegenüber 2008 auf 704 Milliarden Dollar erhöht hat. Beim näheren Nachforschen eröffnet der Report, dass der Household-Sektor eine Auffangkategorie ist, welcher die Käufe, die in keine andere Kategorie passen, aufnimmt. Für eine nähere Untersuchung und den Versuch der Interpretation dieser Ungereimtheiten, siehe Franklin, David; Sprott, Eric: „Is it all a Ponzi Scheme", Markets at a Glance – Sprott Asset Management LP, http://www.sprott.com/Docs/MarketsataGlance/12_2009_MAAG.pdf, 2009.

Staat kann sich immer weiter durch die Gelddruckmaschinen des FED verschulden.[31] Dieses Faktum ist besonders bemerkenswert, wenn man sich bewusst macht, dass die Zinsgewinne der vom FED gehaltenen Bonds wieder zum Staat zurückfließen.

c) Reduzierung des Wertes der Schulden durch Geldmengenausweitung

Die meisten Staaten der Erde sind verschuldet. Diese haben somit einen starken Anreiz, die Geldmenge weiter auszuweiten, um den Wert der Verschuldung in Anbetracht von Inflation zu reduzieren. Ein konkretes Beispiel: Wenn das Zinsniveau nur um einen Prozentpunkt steigen würde, dann würde das zusätzliche Kosten von zehn Milliarden Euro pro Jahr allein für den deutschen Fiskus bedeuten (BdSt, 2010).

Diese erhöhten Kosten durch steigende Zinsen wären bei allen Staaten zu finden. Im Anbetracht dieses Faktums ist es schwer vorstellbar, dass eine Zentralbank, welche das Monopolprivileg zum Gelddrucken nur durch die Gewalt des Staates erhält, entgegen dem Interesse des Staates handeln würde. Zinszahlungen auf alte Schulden können problemlos durch die Aufnahme von neuen Schulden bezahlt werden.

31 In anderen Worten: Das FED monetarisiert die Schulden und das sogar sehr direkt. So wurde zum Beispiel in einem Fall in 2009 von dem FED Staatsschuldtitel in einem Umfang von über 30 Milliarden Dollar nach nur 10 Tagen nach der Emittierung durch das Schatzamt gekauft (alpha, 2010).

Die Möglichkeit zur Beeinflussung des FED vonseiten des Staates spiegelt sich auch in den sogenannten „*Political Business Cycles*" wider. In den Jahren 1953, 1961, 1969, 1974 und 1977 wurde die Geldpolitik jeweils stark verändert. Diese Jahre haben eines gemeinsam: Ein neuer Präsident ist in das Weiße Haus eingezogen (Weintraub, 1978: 349). Dwight D. Eisenhower, welcher 1953 zum Präsidenten gewählt wurde, wollte ein geringes Geldmengenwachstum. In der ersten Legislaturperiode wuchs die Geldmenge um 1,73 %, welches das niedrigste Wachstum seit zehn Jahren darstellte. Präsident John F. Kennedy, Amtszeit von 1961 bis 1963, bevorzugte eine lockere Geldpolitik und die Wachstumsrate der Geldmenge erhöhte sich auf 2,31 %. Lyndon B. Johnson wollte in Anbetracht des Vietnamkrieges mehr Geld in die Staatskasse fließen sehen und das Geldmengenwachstum verdoppelte sich auf 5 % in seiner präsidialen Amtszeit von 1963 bis 1969. Diese deutlichen Umschwünge innerhalb der FED-Geldpolitik geschahen alle unter der Leitung ein und desselben FED-Vorsitzenden: William McChesney Martin saß dem FED von 1951 bis 1970 vor. Das gleiche Spiel fand unter Martins Nachfolger Arthur Burns und den Präsidenten Richard Nixon, Gerald Ford oder Jimmy Carter statt und hat sich auch nicht unter Ronald Reagan, Bill Clinton, George W. Bush oder Barack Obama verändert (DiLorenzo, 1997: 204-205/ DiLorenzo, 2000). Ein offener Brief von 250 Ökonomen an die jetzige Obama-Administration spricht genau dieses Problem der fehlenden Unabhängigkeit des FED an, insbesondere unter Berücksichtigung des Kaufes von wertlos gewordenen Papieren in den Bankbilanzen und dem direkten Kauf von Staatsanleihen vom Staat im Zuge der aktuellen Finanzkrise (O'Driscoll, 2009).

Die Politik der Zentralbanken ermöglicht also eine perfide und indirekte Finanzierung des Staates. Hürden für ein Staatswachstum sind somit abgebaut und ein Blick auf die Tendenz der modernen Sozialstaaten zu wachsen, bestätigt dies. Wie auch immer das zu beurteilen ist: der Staat hat sein Aufgabengebiet, sein Budget und die Anzahl der Bediensteten in den vergangenen Jahrzehnten immer weiter ausgedehnt. Der Rückbau von Staatsaktivität ist zwar vereinzelt zu finden, jedoch ist dieses Phänomen nur temporär. Ein Beispiel ist der Rückbau des Sozialstaates in Schweden in den 80er und 90er Jahren, um die ausufernden Staatsausgaben in diesem Sektor einzudämmen (Bergström, 2010).

Gäbe es kein Fiatgeld und somit keine Möglichkeit des Staates, sich über die Köpfe der Bürger hinweg zu finanzieren, würden kostspielige Kriege direkt für Bürger finanziell erfahrbar sein. Dies macht es sehr wahrscheinlich, dass das Ausmaß und die Häufigkeit von Kriegen stark reduziert würden. Der Irakkrieg, den im Jahre 2009 58 % (Kapur, 2009) der U.S.-Amerikaner ablehnten, hat seit 2003 folgende Kosten verursacht: 743.395.680.395 Dollar. Das sind 6.344 Dollar je Haushalt (CostofWar, Zahlen vom 25. August 2010). Würden diese Kosten durch Steuern auf die Bürger direkt abgewälzt werden, würden sich zumindest die 58 %

lautstark beschweren.[32] Die Geschichte, insbesondere die des 20. Jahrhunderts, hat gezeigt, dass kriegerische Auseinandersetzungen meist mit monetärer Ausweitung einhergingen. Noch stärker drückt das Joseph T. Salerno, Professor für Volkswirtschaftslehre an der Pace Universität in New York, in seiner Einleitung zu seinem Vortrag zum Thema „War and Inflation" in Manhatten 2006, aus:

> „Wars have invariably been financed by printing money since the invention of paper money. Indeed, it might be said that fiat paper money and central banks were invented mainly to finance wars." (Salerno, 2006)

Die Fähigkeit, schier unendlich Geld aus dem Nichts zu kreieren, auszugeben und für die Konsequenzen nicht mit dem eigenen Eigentum haften zu müssen, ist für den Staat und seine Institutionen als Handlungsrahmen gegeben. Die überbordende öffentliche Verschuldung, die zahlreichen kriegerischen Interventionen in der U.S.-amerikanischen Geschichte, die über 700 militärischen Auslandsbasen in 130 Ländern (Vlahos, 2004) und die Stagnation im privaten Sek-

32 Weitaus höhere Kriegskosten errechnet Joseph E. Stiglitz in seinem Buch „The Three Trillion Dollar War: The True Cost of the Iraq Conflict", Norton & Company, 2008. Neben der transparenten Darstellung der Kriegskosten kommt auch Stiglitz zu dem Ergebnis, dass der Krieg bisher nur auf Kosten von zukünftigen Generationen finanziert wird und dass die amerikanischen Steuerzahler die gesamte finanzielle Tragweite des Irakkrieges noch durch Steuern zu spüren bekommen werden.

tor im Gegensatz zum öffentlichen Sektor[33] sind Gegebenheiten, die aus diesem Handlungsrahmen resultieren.

4.5 Die Argumente für einen Fiatgeldstandard – eine kritische Analyse

Der wichtigste Grund, der für eine Zentralbank angeführt wird, ist die Möglichkeit über eine **flexible Geldmenge** zu verfügen, um auf Krisen reagieren zu können. Die *Austrian Business Cycle Theory* entlarvt dieses Argument und zeigt auf, dass genau der gegenteilige Effekt erzielt wird. Die Wirtschaft wird volatil und regelmäßig durch starke, auf die ganze Wirtschaft übergreifende Krisen heimgesucht. Diese Krisen sind in ihrem Ausmaß, ihrer Länge und Intensität nur unter einem Fiatgeldstandard möglich.

Ein weiterer positiver Effekt soll dadurch erzielt werden, dass durch die Ausweitung der Geldmengen eine Unterwanderung

33 Seit einem Jahrzehnt ist das Wachstum von Arbeitsplätzen in der privaten Wirtschaft in den USA nahe Null. Der öffentliche Sektor weist weit höhere Wachstumsraten auf: Siehe Mandel, Michael: „A Lost Decade for Jobs", Bloomberg Businessweek, 2009, http://tinyurl.com/m5e3ce oder Natarajan, Gulzar: „Lost decade for private jobs in the US?", Urbanomics 2010, http://tinyurl.com/33ptcr8. Seit fast zehn Jahren haben Angestellte im öffentlichen Dienst, trotz ökonomischen Abschwüngen, stärkere Einkommenserhöhungen im Gegensatz zu den privat angestellten Arbeitern bekommen. Die bundesstaatlichen Angestellten verdienen nun das Doppelte von den Bediensteten im privaten Sektor, siehe Cauchon, Dennis: „Federal workers earning double their private counterparts", USA Today 2009, http://tinyurl.com/34te9cj.

von **starren Preisen** *(Sticky Price Theory)* stattfindet. Da Löhne meist langfristig vertraglich festgelegt sind, können die Unternehmen auf einen durch die Krise hervorgerufenen Abfall der Nachfrage nicht flexibel genug mit Lohnsenkungen reagieren und Arbeitsplätze gehen unnötig verloren. Durch die Ausweitung der Geldmenge wird der Reallohn und somit der Gleichgewichtslohn zwischen Angebot und Nachfrage nach Arbeit nach unten gedrückt und ein Gleichgewicht hergestellt. Dies hat in der Theorie den positiven Effekt, dass Arbeitslosigkeit verhindert wird und die Anpassungsprozesse an die reduzierte Nachfrage schneller vonstatten gehen können als mit starren Löhnen. Dieser Mechanismus mag kurzfristig funktionieren. Die jahrzehntelange Ausweitung der Geldmenge lässt diesen Effekt jedoch verblassen. Die Führer der Gewerkschaften antizipieren diese Politik und die Lohnforderungen werden entsprechend angepasst. Durch diesen zusätzlichen Unsicherheitsfaktor entstehen jedoch Verzerrungen bei falscher Antizipation der Inflationsrate (Hülsmann, 2007: 85-86). Das bedeutet nicht, dass die Gewerkschaftsführer in der Krise nach höheren Löhnen verlangen, sondern dass im Vorhinein höhere Lohnabschlüsse aufgrund des Antizipationsversuches von Inflation getätigt werden und dies negative Effekte nach sich ziehen kann.

Ein weiteres Argument für die zentralbankliche Manipulation der Geldmenge ist das **Prinzip des letzten Geldgebers** (Lender of Last Resort). Die Notenbank soll im Fall einer Kreditklemme strauchelnden Banken und Unternehmen die fehlende Liquidität bereitstellen, um negative *Spillover*-Effekte auf andere Wirtschaftszweige zu vermeiden. Dies wird im Lichte der ABCT-Kritik genauso obsolet. Die Bereinigungen, die nach dem Platzen eines auf künstlichem Kredit basierenden Booms eintreten, sind nötig und müssen, so schmerzlich sie auch sein mögen, zugelassen werden, da sonst das Problem nur schlimmer in der Zukunft auftreten wird. Wenn man schlechte ökonomische Entscheidungen belohnt, wird dies langfristig nicht für mehr Stabilität, sondern zu mehr Moral Hazard führen. Ein weiterer kritischer Punkt stellt die Entscheidungsmacht, die damit einhergeht, dar. Wer hat zu bestimmen, welche Unternehmungen gerettet werden und welche nicht? Wenn nur Unternehmen, welche als „too big to fail" klassifiziert sind, gerettet werden, widerspricht das dem Faktum, dass weitaus mehr Arbeitsplätze in kleinen bis mittelgroßen Unternehmungen angesiedelt sind und jene das Fundament der modernen Volkswirtschaften darstellen. Weiterhin werden durch die künstlichen lebenserhaltenden Maßnahmen die Produktionsmittel in der nicht mehr nachgefragten Unternehmung gebunden. Das Argument, dass diese großen Unternehmungen gerettet werden müssen, weil an diesen viele Zulieferer und somit kleinere Betriebe hängen, ist wenig stichhaltig. Dies impliziert, dass die Unternehmung ohne Hilfe des Staates komplett verschwinden würde (was die Unternehmung in der Diskussion um die Beteiligung des Staates oder Intervention der Zentralbank bereitwillig vertreten wird), dass weiterhin alle Arbeitsplätze verloren gehen würden und dass die nun zur Verfügung stehenden Produktionsmittel nicht für neue Investitionen und Arbeitsplätze eingesetzt werden können. Da Wirtschaft als ein Prozess der schöpferischen Zerstörung (Joseph Schumpeter) darauf basiert, dass alte Unternehmungen pleite gehen und neue Unternehmungen gegründet werden, fehlt dieser Aussage eine stichhaltige Begründung, warum die Wiederverwendung der brachliegenden Produktionsmittel nicht stattfinden sollte. Weiterhin beruht diese Annahme auf der erstaunlichen Fähigkeit, solche ökonomischen Entwicklungen voraussagen zu können. In Anbetracht der Vergangenheit sind die Zentralbank- und Politikprotagonisten für treffende wirtschaftliche Vorhersagen wenig bekannt.

4.6 Fazit

Die Profiteure unter einem Fiatgeldstandard sind gleichzeitig diejenigen, welche die Macht zur Manipulation der Geldmenge haben. Das FED hat kein Interesse daran, die Geldmenge zu reduzieren, weil es dadurch Geld und Einfluss verlieren würde. Die Politik hat kein Interesse an einer Kontraktion der Geldmenge, weil sonst die Verschuldung explodieren und die eigenen Handlungsoptionen stark eingeschränkt werden würden. Und die Banken fühlen sich mit einem – unendlich liquiden – Sicherheitsnetz durch die Zentralbank, welches unerwünschten Wettbewerb verhindert, auch sehr wohl. Auf der anderen Seite stehen die Verlierer der Wirtschaftsfluktuationen, der Geldentwertung und der Umverteilung durch Fiatgeld. Diese Verlierer stellt die Mehrzahl der Bürger in einer Volkswirtschaft dar.

Neben diesen argen Verzerrungen führt ein Zentralbankensystem sogar zu einer schrittweisen Dysfunktionalität von Geld:

Die drei Funktionen des Geldes – Wertaufbewahrungsfunktion, Recheneinheit und Zahlungsmittelfunktion – werden systematisch in einem Wirtschaftssystem mit immateriellen Zwangsgeld unterwandert. Die Funktion zur Wertaufbewahrung ist nur noch rudimentär gegeben. Geld kann nicht mehr im Sparstrumpf gehalten werden, weil die Verluste, die während weniger Jahre durch die realen Kaufkrafteinbußen entstehen, zu hoch sind. Sparer sind somit gezwungen, in irgendeiner Form auf dem stark volatilen Finanzmarkt zu partizipieren und zu investieren. Dass dabei Millionen von Menschen ihre Rente verlieren können, hat man durch die Insolvenz vieler großer Pensionfonds in den USA gesehen.

Geld als Recheneinheit verliert durch die Unmöglichkeit der Antizipation der Inflationstendenzen an Nutzen. Das Problem der Wirtschaftsrechnung geht direkt darauf zurück, dass investiertes Geld in der Vergangenheit mehr wert ist als heutiges und die dadurch entstandenen relativen Preisveränderungen schwer zu überblicken sind. Unternehmertum beruht darauf, die Wünsche von Konsumenten mithilfe von Preisen zu antizipieren:

> "Prices are signals: While prices are determined by the interplay of the activities of all market participants, they convey essential information to each market participant about the changing valuations made by consumers and about the relative scarcities of alternative resources."(Garrison, 1986: 439)

Im Wettbewerb gibt es natürlich Gewinner und Verlierer und diese wird es auch in einem System mit keinerlei Geldmengenänderung geben. Jedoch werden Preise als die wichtigste Grundlage für wirtschaftliche Investitionen durchweg künstlich durch die Geldmengenmanipulation verändert. Dies erhöht den Schwierigkeitsgrad der Wirtschaftsrechnung für Konsumenten und Produzenten und reduziert somit die Produktivität einer Volkswirtschaft.

Die Zahlungsmittelfunktion wird dadurch unterwandert, dass das Zahlungsmittel immer weniger wert wird und dies die Gefahr einer Hyperinflation birgt. Solch eine trabende Inflation wird die Wirtschaft komplett lähmen, eine einfache Tauschgesellschaft hervorrufen und das aufgezwungene Geld als Zahlungsmittel komplett auflösen.

Die hier aufgeworfenen Kritikpunkte sind sehr frappierend und der Leser mag sich fragen, inwieweit die Intensität der Kritik, in Anbetracht der meist moderaten Inflationsraten und des stabilen Wachstums der U.S.-amerikanischen Wirtschaft in den vergangenen Jahrzehnten, gerechtfertigt sein kann.

Diese Fragen sind berechtigt und die Heterogenität von Inflation sowie die Manipulation der Maßstäbe von Inflation (siehe Fußnote 7) erklären nicht vollständig die relativ niedrigen Inflationsraten. Ein wichtiger zu berücksichtigender Faktor ist, dass mehr als die Hälfte des amerikanischen Dollars im Ausland gehalten wird und diese Währungsreserven irgendwann wieder in die amerikanische Wirtschaft zurückfließen müssen. Dieses Geld trägt zur Zeit nicht zur Inflation bei (Hülsmann, 2007: 199). Wenn diese Absorption von Dollarnoten verlangsamt oder sogar rückläufig sein sollte, werden sehr hohe Inflationsraten die Konsequenz sein. Ein weiterer Grund liegt in den boomenden Märkten von China und Indien, dem Fall des Ostblocks und die durch Globalisierung immens gesteigerte weltweite Produktivität. Diese Entwicklungen haben massiv die Geldmengensteigerung abgeschöpft und mit realer Produktion gedeckt. Es darf nicht unterschätzt werden, wenn plötzlich eine Milliarde mehr Menschen am kapitalistischen System teilnehmen und Güter produzieren, ex- und importieren und auf einem globalen Markt investieren (Norberg, 2003: 137).

Somit war trotz der schädlichen Geldpolitik des FED Wachstum weitgehend möglich. Die jetzige Krise, bei der noch kein Ende in Sicht ist, und die Tendenzen zur Stagnation innerhalb der U.S.-Wirtschaft repräsentieren das fehlende Fundament und die fehlende Nachhaltigkeit des Systems. Die Aussage, dass Produktivität und Prosperität nicht mit dem Drucken von Geld geschaffen werden können, wurde in diesem Abschnitt argumentativ untermauert. Solch eine Politik hat ganz im Gegenteil sehr schädliche Konsequenzen. Die Illusion über etwaige positive Effekte von Fiatgeld ist gefährlich, hat bisher für starke Verzerrungen und Schäden in den Volkswirtschaften gesorgt und wird in Zukunft bei Beibehaltung des jetzigen Systems weiterhin so wirken. Ein Fiatgeldstandard bringt weit mehr Schatten als Licht mit sich und eine Konsultation von Alternativen muss erfolgen.

5. *Free Banking* als Alternative?

Das Hauptaugenmerk in dieser Arbeit wurde auf die Kritik des jetzigen Systems gelegt, um darzulegen, dass ein Wechsel unbedingt notwendig ist. Die heutigen Volkswirtschaften beruhen alle auf einem Fiatgeldstandard. Dies war jedoch nicht immer so und alternative Systeme sind durchaus in der Zukunft möglich.

Die Unmöglichkeit, die richtige Geldmenge und damit den richtigen Gleichgewichtszins in einer Volkswirtschaft zu wissen, wurde bereits dargestellt und als Argument gegen Zentralbanken aufgeführt. Dieses Argument akzeptiert implizit, dass es genauso unmöglich ist, als Individuum ein System auszuarbeiten, welches die Präferenzen von Millionen von Menschen bezüglich Geld angemessen reflektiert. Selbst die Herstellung eines Bleistiftes in einer arbeitsteiligen Gesellschaft ist ein solch komplexer Vorgang, dass ein einzelner Mensch diesen nicht zu überblicken vermag. Nur um einige zur Produktion notwendige Beispiele zu nennen: das Zutagefördern von Erz und dessen Bearbeitung für den gummihaltenden Teil des Stiftes, das chemische Herstellverfahren und die Zusammensetzung des Radiergummis, die geeignete Holzart, die Herstellung von Farbe für den Stift und so weiter und so fort. Wortwörtlich Millionen von Menschen arbeiten, unwissend voneinander, zusammen, um einen, gar nicht so simplen, Bleistift zu schaffen (Read, 2008). Noch weniger ist es möglich, die richtige Geldmenge zu kennen oder zu wissen, wie ein alternatives System auszusehen habe. Dies wäre sonst das perfekte Argument für eine monetäre Diktatur.

Nichtsdestoweniger ist es möglich und wichtig aufzuzeigen, wie solch ein System aussehen könnte, um die Angst vor dem Unbekannten, welches die Attraktivität jeder staatlichen Regulierung im Gegensatz zu einer Marktlösung ausmacht, zu reduzieren. Die Diskussion zum Thema *Free Banking* hat sich in den vergangenen Jahrzehnten ausgedehnt und mehrere konkurrierende Systemvorschläge hervorgebracht. Im Folgenden wird *Free Banking* im Rahmen einer diskretionären Ordnung vorgestellt.[34]

5.1 *Free Banking*

Unter *Free Banking* versteht man den freien Wettbewerb von verschiedenen, privat oder auch staatlich emittierten, Währungen. Es gibt kein einziges durch das Gesetz implementiertes Zahlungsmittel. Das System ist im Gegensatz zu einer Zentralbank dezentralisiert und freier Marktein- und austritt als geldemittierende Institution muss gegeben sein. Staatliche Mindestreserveregelungen, Zinsbandbreiten und andere Regulierungen müssen in einem wahren *Free Banking*-System abgeschafft sein.

34 Zur Einführung in die verschiedenen Modelle siehe Fußnote 36 und Hoffmann, Andreas; Köhler, Ekkehard A.: „Ursachen und ordnungspolitische Konsequenzen der Finanzkrise", S. 124 - 128, in Altmiks, Peter (Hg): „Im Schatten der Finanzkrise – Muss das staatliche Zentralbankwesen abgeschafft werden?", Olzog München, 2010.

> „In short, free banking means the total deregulation of the banking industry. It is the thorough application of the principle of laissez faire to the one realm of economic activity where even most "free market" economist have assumed such principle cannot be applied: money and banking." (Sechrest, 2008: 3)

Solch ein reines *Laissez-Faire*-Banksystem hat jedoch nie existiert. In der Wirtschaftsgeschichte gibt es mehrere Beispiele von sogenannten *Free Banking*-Episoden, welche viele der oben genannten Definitionskriterien erfüllen konnten. Es gab jedoch immer irgendwelche staatliche Regulierungen und Eingriffe in das System. Dennoch zeigen diese Episoden von privatem Geld und mehreren konkurrierenden Währungen auffällig bessere Bedingungen und eine Stabilität, die das heutige Fiatgeld vermissen lässt.[35]

Der größte Unterschied wäre dadurch gegeben, dass die Menschen sich entscheiden könnten, welches Geld sie benutzen möchten. Diese Möglichkeiten zur Auswahl von ver-

35 Siehe zum Beispiel Free Banking in Schottland (Sechrest, 2008: 79-92) oder amerikanisches *Free Banking* (Sechrest, 2008: 95-139). Für eine Untersuchung von sehr freien Bankensystemen in Chile, Kanada, Schweiz und Schweden siehe Briones, Ignacio; Rockoff, Hugh: „Do Economist Reach a Conclusion on Free-Banking Episodes?", Econ Journal Watch, Ausg. 2, Nr. 2, 2005; Lakomaa, Erik: „Free Banking in Sweden 1830-1903: Experience and Debate", The Quaterly Journal of Austrian Economics, Ausg. 10, Nr. 2, 2007.

schiedenen Geldern konstituiert wettbewerbliche Bedingungen unter den Banken. Währungsemittierende Banken können nur expandieren und somit mehr Gewinn machen, wenn sie das Vertrauen ihrer Kunden besitzen und ein Geld anbieten, welches stabil im Wert ist, weil dies das wichtigste Kriterium des Produktes Geld für Kunden darstellt. Diese Gelder wären alle mit irgendwelchen realen Werten, wie zum Beispiel Gold oder Silber, hinterlegt, weil kein Mensch ein Geld freiwillig benutzen würde, welches unendlich im Wert fallen kann und nicht gegen irgendetwas Reales eintauschbar ist. Geld ohne jegliche Warendeckung und somit ohne intrinsischen Wert, wie wir es in der heutigen Form benutzen, ist nie auf dem Markt entstanden und konnte nur durch den Staat oktroyiert werden (Hayek, 1990: 111-112/ Hülsmann, 2007: 46-47).

Es ist wahr, dass Banken immer noch einen großen Gewinn machen würden, wenn sie ihr Geld inflationieren würden. Nun wird dies jedoch verhindert, weil solch eine Entwicklung sehr starke öffentliche Aufmerksamkeit hervorrufen würde und die Menschen zu einem stabileren Geld wechseln könnten und würden. Im Wettbewerb bewirkt ein schlechtes Produkt einen Anreiz für Marktteilnehmer, ein besseres Produkt zu schaffen, weil diese neuen Unternehmer mehr Geld verdienen könnten, wenn sie das Gut stabiler im Wert anbieten würden (White, 2010: 46-47).

Die Benutzung von Geld würde mit einem Vertrag zwischen der Bank und dem Geldbenutzer einhergehen. In diesem würde festgelegt werden, wie viel die einzelne Note wert ist; zum Beispiel zehn Gramm des aktuellen Goldwertes. Risikoscheue Kunden können eine Bank wählen, welche das eingezahlte Geld zu 100 % deckt und risikofreudige Menschen können Kunden einer Bank werden, welche einen höheren Zins zu einem höheren Risiko anbietet.[36] Offensichtliche Probleme wie Haftung und die Versicherung des eingezahlten Vermögens würden, da im Sinne der Kunden, genauso Bestandteile der Verträge sein.

Dieses System ist fundamental anders, weil hier die geldemittierende Institution sich harschen und kostspieligen Konsequenzen gegenübersieht, wenn die Währung an Kaufkraft verliert (Hayek, 1990: 52). Der Monopolanbieter von Geld muss sich darüber keine Sorgen machen und der über 95-prozentige Verfall der Dollarkaufkraft seit der Gründung des FED belegt dies eindrucksvoll.

36 Es gibt in der Österreichischen Schule der Nationalökonomie zwei auseinandergehende Ansätze zum *Free Banking*. Murray N. Rothbard, Hans-Herrmann Hoppe, Jesús Huerta de Soto und Jörg Guido Hülsmann sehen ein generelles Problem im Teilreservesystem, weil es weiterhin für Wirtschaftszyklen verantwortlich sein würde und sehen die Lösung in dem Verbot von jeglicher Teilreserve der Banken und in einem 100 %-Goldstandard. Auf der anderen Seiten proklamieren Lawrence White, George Selgin und Kevin Dowd, dass der Wettbewerb ein sicheres Level der Teilreserve finden und zu risikofreudige Banken insolvent gehen würden. Durch Trial-and-Error wird der Entdeckungsprozess in einem Free Banking-System dazu führen, dass der Ausdehnung durch von Kredit geschaffenem Geld enge Grenzen gesetzt sein würden.

Das Wichtigste für solch ein System ist die vollständige gesetzliche Freiheit für den Bankensektor, da sonst einzelne Banken sich nach und nach wieder durch Lobbyismus die gesetzlichen Rahmenbedingen schaffen könnten, die erneut zu einem Zwangsgeld führen würden. Eine Verankerung von wettbewerblicher Freiheit von Währungskonkurrenz in der Verfassung eines Landes könnte eine Möglichkeit darstellen, diese Gefahr einzugrenzen (Hayek, 1990: 125).

5.2 Häufige Einwände gegen *Free Banking*

Staatliche Interventionen in einem Markt werden unter anderem mit dem Prinzip eines **öffentliches Gutes** legitimiert. Wenn niemand von der Benutzung eines Gutes ausgeschlossen werden kann (*nonexcludability*) und bei der Benutzung keine Rivalität besteht (*nonrivalrousness*) ist dieses Gut ein öffentliches Gut und muss daher vom Staat bereitgestellt werden, da auf dem Markt durch diese Bedingungen kein Profit erzielt werden kann. Da Geld, wie jedes Gut, einen abnehmenden Grenznutzen[37] aufweist und Geld nur dann die Funktion eines Tauschmittels hat, wenn es knapp ist, bedeutet dies, dass

37 Ein abnehmender Grenznutzen bedeutet, dass der Nutzen aus dem Konsum eines Gutes sich von Einheit zu Einheit verringert. Das erste Glas Wasser wird den Durstigen stark befriedigen, das zweite Glas etwas weniger und spätestens ab dem fünften Glas wird der Konsument keinen Nutzen aus dem Konsum eines weiteren Glases Wasser ziehen. Das Gleiche gilt für Geld. Einem Menschen ohne Geld wird eine neue Arbeitsstelle mit einem Verdienst von 15.000 Dollar im Jahr einen großen Nutzen bereiten. Sollte sich sein Gehalt auf 30.000 verdoppeln, ist immer noch ein Nutzengewinn zu verzeichnen, jener ist aber nicht so groß wie zwischen gar keinem Geld und 15.000.

Rivalität in der Benutzung besteht.[38] Das Faktum, dass es in der Vergangenheit ein auf Profit ausgelegtes Bankensystem mit konkurrierenden Währungen gab, spricht auch gegen das Argument, dass Geld ein öffentliches Gut sei.

„Mainstreamökonomen" und insbesondere Monetaristen, wie Milton Friedman, sehen ein **optimales Geldmengenwachstum in Proportion zum Wirtschaftswachstum**. Wächst die Wirtschaft um 3 %, dann soll die Geldmenge im gleichen Umfang ausgeweitet werden. Dies ist in mehrerer Hinsicht fehlerhaft. Zunächst wurde bereits festgehalten, dass Geldmengenwachstum sich nicht gleichmäßig auf alle Wirtschaftsakteure verteilt, sondern für unterschiedliches Wachstum der Preise sorgt. Weiterhin haben Mises und Rothbard klar dargelegt, dass jedes Angebot

38 Für weitere Fehler in der Argumentation des Geldes als ein öffentliches Gut siehe Sechrest, 2008: 157 - 160. Wenn man dieser Definition von einem öffentlichen Gut folgt, dann wären Radio und Fernsehen genauso öffentliche Güter und müssten vom Staat bereitgestellt werden, da jeder mit einem Radioempfänger oder Fernseher ohne Rivalität und Ausschließbarkeit diese Medien konsumieren kann. Beispiele für öffentliche Güter wie Leuchttürme und Staudämme wurden und werden bereits von privaten Unternehmungen angeboten. Um das Prinzip des öffentlichen Gutes zu retten, berufen sich Vertreter dieser Theorie auf das Beispiel der Nationalen Sicherheit durch das Militär. Für eine Argumentation gegen dieses Argument siehe Hoppe, Hans-Hermann: „The Private Production of Defense", Ludwig von Mises Institute, 2009. Für eine allgemeine Beschäftigung mit der Fehlerhaftigkeit dieses Prinzips zur Legitimation von Staatseingriffen siehe die Aufnahme der Vorlesung von Lawrence White zur „Public Goods Theory" vom 17. Juli 2009 unter der Webadresse: http://fee.org/media/video/public-goods-theory.

von Geld die Funktion des Geldes erfüllt. Wenn die Wirtschaft wächst und die Geldmenge gleich bleibt, dann passiert nichts Anderes, als dass die Kaufkraft einer jeden Geldeinheit ansteigt und mehr Waren mit der gleichen Anzahl von Geld gekauft werden können (Hülsmann: 2007, 75-80/ Rothbard, 2008: 44-45). Somit muss die Geldmenge nicht im gleichen Umfang erhöht werden.

Diese Erkenntnis zieht direkt den nächsten Kritikpunkt nach sich. Da durch die Präferenz der Menschen sich in einem System von im Wettbewerb stehenden Geldern ein stabiles Geld herausbilden würde, ist die Gefahr der **Deflation** gegeben. Deflation birgt die gleichen Probleme für die Wirtschaftsrechnung wie Inflation und bevorteilt in diesem Fall Kreditgeber gegenüber Kreditnehmern. Jedoch ist der Grad der Deflation respektive der Veränderung des Preisniveaus, egal in welcher Richtung, um einiges geringer und einfacher zu antizipieren, als die Inflation einer Monopolgeldinstitution. Die starke Nachfrage nach einem Geld, welches stabile Bedingungen für die Wirtschaftsrechnung bereithält, wird ein entsprechend nicht-fluktuierendes und stabiles Angebot von Geld, welches dieses offensichtliche Problem angeht, hervorrufen. Weiterhin beweist das Beispiel der Computerindustrie, dass hohe Wachstumsraten problemlos mit einem kontinuierlich sinkenden Preisniveau einhergehen können (Hülsmann, 2007: 75-80). Ein sinkendes Preisniveau ist notwendig, um die künstlich veränderten Preise durch Fiatgeld wieder in Einklang mit der Angebots- und Nachfragestruktur zu bringen. Deflation, die nach einer durch künstliches Geldmengenwachstum hervorgerufenen Krise auftritt, ist nötig für den reinigenden Prozess der Wiederanpassung der Wirtschaft an reale Werte (Hülsmann, 2008: 14). Weiterhin hat Deflation den großen Vorteil, dass es keine durch illusionäre Gewinne stimulierte Konjunkturzyklen erzeugen kann. Dazu Hayek in der „Verfassung der Freiheit“:

> „Es ist jedoch nicht so sicher, daß auf lange Sicht Deflation wirklich schädlicher ist als Inflation. [...] Denn mäßige Inflation ist in ihrem Verlauf immer angenehm, während Deflation unmittelbar und äußerst schmerzhaft ist. Man braucht gegen eine Maßnahme, deren unangenehme Wirkungen sofort und stark gespürt werden, keine Vorsichtsmaßnahmen zu treffen; aber Vorsichtsmaßnahmen sind notwendig, wo eine Maßnahme, die unmittelbar angenehm ist oder momentane Schwierigkeiten erleichtert, einen viel größeren Schaden mit sich bringt, der sich erst später fühlbar macht. Der Unterschied ist, daß bei Inflation die angenehme Überraschung zuerst kommt und die Reaktion später, während bei der Deflation die erste Wirkung auf das Geschäftsleben depressiv ist. Die Wirkung beider kehren sich jedoch von selbst um. [...] Inflation hat zunächst nur die Wirkung, daß mehr Menschen Gewinne machen und die Gewinne allgemein größer sind als gewöhnlich. Fast alles gelingt es gibt kaum Fehlschläge. [...] Ihre [Inflation]

> stimulierende Wirkung beruht auf den Irrtümern,
> die sie hervorruft." (Hayek, 2005: 444-446)

Der wettbewerbliche Rahmen wird gute Geldproduzenten belohnen und schlechte bankrott gehen lassen. Das Argument eines fehlenden *Lender of Last Resort* ist nicht stichhaltig, da genau die Abwesenheit eines Rettungsnetzes für Banker eine freiheitliche Marktordnung ausmacht und die Entstehung von *Moral Hazard* verhindert.

Das letzte Argument, welches in diesem Abschnitt behandelt werden soll[39], ist das Argument der **Transaktionskosten**. Es ist wahr, dass Transaktionskosten reduziert werden, wenn jeder in einem Land nur eine Geldart benutzt. Die vielfältigen Kosten von Fiatgeld wurden beschrieben und wiegen nicht annähernd diesen Vorteil auf. Da Geldbenutzer ein Interesse daran haben, dass Transaktionskosten minimiert werden, ist es unwahrscheinlich, dass 20 Geldsorten innerhalb eines Dorfes im Umlauf sein werden, weil es unpraktikabel ist. Je verbreiteter das Geld ist, desto höher ist der Nutzen für die Kunden und für die Bank.[40] Somit haben Anbieter wie auch

39 Weitere Erklärungen zu Problemen wie Umverteilung durch Inflation oder die „Gefahr" von Menschen, welche Geld horten, werden in Hülsmann, 2007: 75-102 angesprochen.

40 Hoppe geht sogar so weit zu sagen, dass sich durch das Interesse an niedrigen Transaktionskosten nach einer Zeit nur ein einziges Weltgeld herausstellen würde. Siehe Hoppe, Hans-Hermann: „The Economics and Ethics of Private Property", The Mises Review, Ausg. 12, Nr. 2, 2006. Dies kann bezweifelt werden, da dazu jede Kultur und jedes Land gleiches Vertrauen in einen Emittenten von Geld und jeder Konsument gleiche An-

Konsumenten dasselbe Ziel und es spricht nichts dafür, dass sich „zu viele" Gelder auf dem Markt herausbilden würden. Des Weiteren ermöglicht moderne Technik die Etablierung von Echtzeit-Umlaufmittelbörsen, mit denen bei jeder Transaktion von einem dritten Anbieter festgestellt wird, welches Geld das nützlichste für diese oder jene Transaktion ist. Mit einer Kreditkarte kann in so gut wie jedem Land der Erde Geld abgeholt werden und der Wechselkurs wird entsprechend umgerechnet. Dieses Prinzip wäre auch bei privaten Geldern möglich. Transaktionskosten würden durch Transparenz und Informationsbereitstellung von Banken und anderen Organisationen reduziert werden. Es könnte neben einem Börsenteil ein Umlaufmittelteil in der Zeitung veröffentlicht werden, in dem Entwicklung von Geldern aufgeführt und Banken, welche ihre Geldmenge inflationieren, direkt gekennzeichnet werden (Hayek, 1977: 105-110).

5.3 Fazit

Wettbewerb und Unternehmertum werden in den meisten Bereichen der modernen Volkswirtschaften als essenziell und nützlich für die allgemeine Wohlfahrt angesehen. Es stellt

sprüche an Geld haben müsste. Evolutionär ist dies theoretisch möglich, aber zunächst müsste der Markt von konkurrierenden Geldern herausfinden, welche Gelder bevorzugt benutzt werden. Wenn man Hoppes Argumentation folgt, dann müsste es auch bei jeder anderen Ware einen Monopolanbieter geben, weil der sich am besten für alle herausgestellt hat. Aber genau wie eine normale Ware muss Geld eine bestimmte Leistung bereitstellen (Geldwertstabilität) und diese ist nur effizient durch Wettbewerb herzustellen.

sich nicht die Frage, wie viele Schuhe produziert werden sollen, oder ob der Markt in der Lage ist, genug Schuhe für die Menschen herzustellen. Es besteht kein Grund zu hinterfragen, warum es funktioniert wie es funktioniert. Jedoch beschäftigt die Frage, wie viel Geld produziert werden soll, Heerscharen von Zentralbankern, Ökonomen und Politikern und die Antworten finden sich dann in überkomplexen Formeln zur Bestimmung einer Zielpreisinflation, die dabei in den seltensten Fälle annähernd getroffen wird (Rothbard, 2008: 44). Dies stellt eine Anmaßung von Wissen dar, als Institution oder als Individuum zu behaupten, man wisse, wie viel Geld Millionen von Menschen in einem bestimmten Zeitraum halten wollen (Schäffler, 2010: 142-143). Dass dabei durchgehend über die Köpfe der Menschen hinweg entschieden wird, welche eine klare Präferenz für ein stabiles und warengedecktes Geld haben, macht die proklamierte Absicht der Zentralbanker, im Sinne und zur Wohlfahrt der Geldbenutzer zu handeln, wenig glaubhaft.

Nach dem Aufzeigen der umfangreichen negativen Aspekte von Fiatgeld und den wenig überzeugenden Gegenargumenten gegen ein wettbewerbliches System, sind keine zwingenden Gründe zu sehen, die gegen ein System aus konkurrierenden Währungen sprechen. Wenn dennoch, was stark zu bezweifeln ist, die Menschen ein Papiergeld ohne Wert bevorzugen, dann werden die staatlichen Notenbanken kein Problem haben, sich im Wettbewerb gegen die privaten Währungen durchzusetzen. Dies würde ihnen auch eine zusätzliche Legitimität verschaffen.

6. Schlussbetrachtung und Ausblick

Die Österreichische Schule der Nationalökonomie gelangt zu immer mehr Bekanntheit im deutschen und insbesondere im amerikanischen Raum. Politiker wie Frank Schäffler in Deutschland, Ron Paul und Peter Schiff in Amerika, welche auf der Grundlage der Österreichischen Schule offene und hörbare Kritik an dem Zentralbankwesen üben, sind nicht die einzigen, öffentlich spürbaren Ausnahmen. Artikel, welche die ABCT erklären und daraus geldpolitische Empfehlungen formulieren, erschienen zuletzt unter anderem in der Frankfurter Allgemeinen Zeitung und dem Cicero.[41] Institute, welche Publikationen, Seminare und Investmentberatung mithilfe dieser ökonomischen Analyse anbieten, sprießen aus dem Boden[42]. Das Mises Institute, der größte *Think-Tank* für *Austrian Economics*, wächst seit der Gründung 1981 kontinuierlich und erfreut sich mittlerweile an über 350 wissenschaftlichen „Fellows", bietet eigene Journals und ein um-

41 Thorsten Polleit; Prollius, Michael von; Schäffler, Frank; Tofall, Norbert F.: „Überwindung der Krise durch gutes Geld, Frankfurter Allgemeiner Zeitung, http://www.hayek.de/images/pdf/ueberwindung%20der%20krise%20durch%20gutes%20geld.pdf, 2009 und Glocker Philipp H.: „Die Geldblase", Cicero, http://tinyurl.com/2wsttdh, 2010.

42 So zum Beispiel folgende Institute: Austrian Economics Centre, Continental Economics Institute, European Centre for Austrian Economics Foundation, Institut für Austrian Asset Management, Institut für Wertewirtschaft und das Rothbard Institute.

fangreiches kostenloses Medienangebot mit Tausenden von Büchern, Videos und Podcasts auf der Internetseite www.mises.org an.

Wenn man eine Veränderung des jetzigen Fiatgeldstandards befürwortet, dann kann dies nur durch die Kommunikation dieser Analysen geschehen. Der Hauptprofiteur des FED, der Fiskus, hat keinerlei Motivation, die eigene Notenpresse abzuschaffen. Jedoch hat die Analyse des Fiatgeldstandards anhand des FED gezeigt, dass die monetäre Politik absolut nicht nachhaltig ist und es nur zwei mögliche Enden gibt: entweder die komplette Zerstörung des Wirtschaftssystems durch Hyperinflation oder die Abkehr von einem immateriellen Zwangsgeld hin zu einem gesunden Marktgeld durch *Free Banking*. So kommt Ludwig von Mises in seinem Opus Magnum „Human Action" zu dem Schluss:

> „The wavelike movement affecting the economic system, the recurrence of periods of boom which are followed by periods of depression, is the unavoidable outcome of the attempts, repeated again and again, to lower the gross market rate of interest by means of credit expansion. There is no means of avoiding the final collapse of a boom brought about by credit expansion. The alternative is only whether the crisis should come sooner as the result of a voluntary abandonment of further credit expansion, or later as a final and

> total catastrophe of the currency system involved." (Mises, 1963: 572)

Die Lehren der Österreichischen Schule der Nationalökonomie dürfen im Falle eines nächsten, durch Papiergeldschwemme verursachten Aufschwunges nicht vergessen werden, sondern müssen weiter in die Öffentlichkeit getragen werden. Wenn dies gelingt, dann ist es eventuell nur eine Frage der Zeit, bis die Öffentlichkeit davon überzeugt sein wird, dass ein Marktgeld die bessere Alternative zum immateriellen Fiatgeld darstellt.[43]

Die Wegnahme der Notenpresse für den Staat würde der unendlichen Ausdehnung desselben auf Kosten der eigenen Bürger Einhalt gebieten, fiskalische Vorsicht erzwingen, Kriege teuer und somit seltener werden lassen und auch die Oligopolisierung und die Macht des Finanzsektors einschränken und die Wirtschaft wieder auf eine Basis von realen Werten und Produktivität zurückführen.

---

43 So war es vor einigen Jahrzehnten auch unvorstellbar, dass der Markt Post- oder Transportdienstleistungen übernehmen könnte.

Literaturverzeichnis

Hinweis: Alle im Folgenden aufgeführten Links zu Webseiten wurden zuletzt zwischen Juli und August 2010 aufgerufen.

Alpha: Seeking Alpha: *„Monetizing the Debt: Open Market Operations and Statistics"*, Seeking Alpha Stock Market Blog, http://seekingalpha.com/article/155151-monetizing-the-debt-open-market-operations-and-statistics, 2010.

Aversa, Jeannine: *„Fed posts record $52B profit for 2009 with $46B going to Treasury"*, USA Today, www.usatoday.com/money/economy/2010-01-12-fed-profits_N.htm, 2010

Bagus, Philipp: *„The Commons and the Tragedy of Banking"*, Ludwig von Mises Institute, http://mises.org/daily/1373, 2003.

Bagus, Philipp: *„Österreichische Konjunktur aus heutiger Sicht"*, Diplomarbeit, Grin Verlag, 2006.

Baker, Dean: *„Dangerous Minds? The Track Record of Economical and Financial Analysts"*, Briefing Paper, Center for Economic and Policy Research, 2002.

BdSt: Bund der Steuerzahler Deutschland e.V.: *„Staatsausgaben und Verschuldung"*, www.steuerzahler.de/Verschuldung/7688c8973i1p477/index.html, 2010.

Bergström, Markus: *„The Scandinavian Welfare Myth Revisited"*, Ludwig von Mises Institute, http://mises.org/daily/4146, 2010.

Bernanke, Ben. S.: *„Semiannual Monetary Policy Report to the Congress"*, Committee on Banking, Housing and Urban Affairs, www.federalreserve.gov/newsevents/testimony/bernanke20060719a.htm, 2006.

Bernanke, Ben S.: *„The Subprime Mortgage Market"*, 43rd Annual Conference on Bank Structure and Competition, www.federalreserve.gov/newsevents/speech/bernanke20070517a.htm, 2007a.

Bernanke, Ben S.: *„Semiannual Monetary Policy Report to the Congress"*, Committee on Financial Service, U.S. House of Representative, www.federalreserve.gov/newsevents/testimony/bernanke20070718a.htm, 2007b.

Bernholz, Peter: *„Monetary Regimes and Inflation: History, Economic and Political Relationships"*, Edward Elgar Publishing Ltd., 1977.

Bernholz, Peter; Kugler, Peter: *„The Success of Currency Reforms to End Great Inflations: An Empirical Analysis of 34 High Inflations"*, German Economic Review, Ausg. 10, Nr. 2., 2009.

Bowsher, Charles A.: *„Federal Reserve System: Current and Future Challenges Require Systemwide Attention"*, United States General Accounting Office, Testimony before the Committee on Banking, Housing and Urban Affairs, U.S. Senate, 1996.

Bureau of Economic Analysis, Department of Commerce: *„Table 2.1. Personal Income and Its Disposition"*, http://tinyurl.com/32uuan8, 2010.

CNBC: The CNBC Edge: *„CNBC Market Alert"*, Sendung vom 8. Januar 2010, www.cnbc.com/id/15840232?video=1380339595&play=1, 2010.

Coleman, Elizabeth: *„FED has lent and spent 9 Trillion - Has no idea to whom or for what"*, Videoaufnahme einer Anhörung von Elizabeth Coleman vor dem amerikanischen Kongress, www.youtube.com/watch?v=WcZH9G8S9iQ, 2009.

CostofWar: *„Total Cost Of Wars Since 2001"*, National Priorities Project, http://costofwar.com, 2010.

De Soto, Jesús H.: *„Money, Bank Credit, and Economic Cycles"*, Ludwig von Mises Institute, 2006.

DiLorenzo, Tom: *"The Myth of the Independent FED"*, The Freeman, Ausg. 47, Nr. 4, 1997.

DiLorenzo, Tom: *„The Federal Reserve and Political Corruption"*, The Free Market, Ausg. 18, Nr. 5, http://mises.org/freemarket_detail.aspx?control=302, 2000.

EDU: Federal Reserve Education – *„The Structure of the Federal Reserve System"*, www.federalreserveeducation.org/about-the-fed/structure-and-functions, 2010.

FED D: Federal Reserve Bank Dallas – *„The Federal Reserve, Monetary Policy and the Economy"*, www.dallasfed.org/educate/everyday/ev4.html, 2010.

FED M: Federal Reserve Bank Minneapolis –*„Consumer Price Index Estimate (1800-2008)"*, www.minneapolisfed.org/community_education/teacher/calc/hist1800.cfm, 2008.

FED L: Federal Reserve Bank St. Louis – *„Economic Research"*, http://research.stlouisfed.org, 2010.

FDIC: Federal Deposit Insurance Corporations – *„Key Statistics"*, www2.fdic.gov/idasp/index.asp, 2010.

Felsenthal, Mark; Bull, Alister: *„Fed to buy long-term U.S. government debt"*, Reuters, www.reuters.com/article/idUSTRE-52H5YE20090318, 2009.

Fox, Lynn S. (Hrsg.): *„The Federal Reserve System – Purpose & Functions", Board of Governors of the Federal Reserve System,* 9. Auflage, Washington D.C. 2005.

GAO: *United States General Accounting Office: Federal Reserve System: Update on GAO's 1996 Recommendations"*, Report to Congressional Requesters, 2010.

Garrison, Roger W.: *„Hayekian Trade Cycle Theory: A Reappraisal"*, Cato Journal, Ausg. 6, Nr. 2, 1986.

Glovin, David; Voris, Boris van: *„Federal Reserve Must Disclose Bank Bailout Records (Update5)"*, Bloomberg Businessweek, www.businessweek.com/news/2010-03-19/federal-reserve-must-disclose-bank-bailout-records-update1-.html#, 2010.

Greider, William: *„Secrets of the Temple: How the Federal Reserve Runs the Country"*, Simon&Schuster, 1989.

Greenspan, Alan: *„The mortgage market and consumer debt"*, America's Community Bankers Annual Convention, www.federalreserve.gov/boarddocs/speeches/2004/20041019/default.htm, 2004.

Grey, George B.: *„Federal Reserve System – Background, Analyses and Bibliography"*, Nova Science, 2002.

Häring, Norbert: *„Fed fährt Rekordgewinn ein"*, Handelsblatt, www.handelsblatt.com/politik/konjunktur-nachrichten/us-notenbank-fed-faehrtrekordgewinn-ein;2511629, 2010.

Habeler, Gottfried: *„Inflation – Its Causes and Cures"*, American Enterprise Association, Washington D.C., 1960.

Hayek, Friedrich A. von: *„Preise und Produktion"*, Julius Springer Verlag, 1930.

Hayek, Friedrich A. von: *„Entnationalisierung des Geldes: eine Analyse und Praxis konkurrierender Umlaufmittel"*, Mohr, 1977.

Hayek, Friedrich A. von: *„Denationalisation of Money – The Argument Refined: An Analysis of the Theory and Practice of Concurrent Currencies"*, 3. Auflage, The Institute of Economic Affairs, 1990.

Hayek, Friedrich A. von: *„Can We Still Avoid Inflation?"*, 1970, in Ebeling, Richard M. (Hg.): *„The Austrian Theory of the Trade Cycle and other essays"*, Ludwig von Mises Institute, 1996.

Hayek, Friedrich A. von: *„Die Verfassung der Freiheit*, in Bosch, Alfred (Hg.): *„Gesammelte Schriften in deutscher Sprache 3"*, 4. Auflage, Mohr Siebeck, 2005.

Hazlitt, Henry: *„What you should know about Inflation"*, 2. Auflage, van Nostrand Company Inc, 1965.

Hülsmann, Jörg G.: *„Political Unification: A Generalized Progression Theorem"*, Journal of Libertarian Studies, Ausg. 13, Nr. 1, 1997.

Hülsmann, Jörg G.: *„Ethik der Geldproduktion"*, Manuskriptum, 2007.

Hülsmann, Jörg G.: *„Deflation and Liberty"*, Ludwig von Mises Institute, 2008.

Hülsmann, Jörg G.: *„Ethische Probleme der Währungspolitik"*, in: Altmiks, Peter (Hg): *„Im Schatten der Finanzkrise – Muss das staatliche Zentralbankwesen abgeschafft werden?"*, Olzog München, 2010.

Ivry, Bob: *„Taxpayer Burden Eases to $8.2 Trillion as Obama Supplants Fed"*, *Bloomberg*, www.bloomberg.com/apps/news?pid=newsarchive&sid=ac8_SSGoo5V4, 2009.

Kapur, Sahil: *„Gallup Poll: Iraq War A "Mistake," Says 58 % Of US Public"*, Huffington Post, www.huffingtonpost.com/2009/07/17/gallop-poll-iraq-war-a-mi_n_237875.html, 2009.

Kaza, Greg: *„A History of the Federal Reserve, Volume I: 1913-1951 by Allan H. Meltzer"*, The Quarterly Journal of Austrian Economics, Ausg. 8, Nr. 1, 2005.

Krause, George A.: *„Federal Reserve Policy Decision Making: Political and Bureaucratic Influences"*, American Journal of Political Science, Ausg. 38, Nr. 1, 1994.

Meltzer, Allan H.: *„A History of the Federal Reserve – Buch 1, 1951 - 1969"*, 2. Auflage, Chicago Press 2009.

Mises, Ludwig von: *„Theorie des Geldes und der Umlaufsmittel"*, München und Leipzig Dunker & Humblot, 1912.

Mises, Ludwig von: *„Human Action – A Treatise on Economics"*, 2. Auflage, Yale University Press, 1963.

Mises, Ludwig von: *„The „Austrian" Theory of the Trade Cycle"*, 1936, in Ebeling, Richard M. (Hg.): *„The Austrian Theory of the Trade Cycle and other essays"*, Ludwig von Mises Institute, 1996.

Norberg, Johan: *„In Defense of Global Capitalism"*, Cato Institute, 2003.

O'Driscoll, Gerald P.: *„What FED Independence?"*, Cato @ Liberty, www.cato-at-liberty.org/what-fed-independence, 2009.

Pender, Kathleen: *„Federal Reserve to buy up some Treasury Bonds"*, San Francisco Gate, http://articles.sfgate.com/2009-03-22/business/17214641_1_funds-rate-short-term-interest-rates-treasury, 2009.

Pittman, Mark; Ivry, Bob: *„U.S. Taxpayer Risk $9.7 Trillion on Bailout Programs (Update1)*, Bloomberg, www.bloomberg.com/apps/news?pid=washingtonstory&sid=aGq2B3XeGKok, 2010.

Polleit, Thorsten: *„Freiheit und das Sound Money Principle"*, in: Altmiks, Peter (Hg): *„Im Schatten der Finanzkrise – Muss das staatliche Zentralbankwesen abgeschafft werden?"*, Olzog München, 2010.

Read, Leonard E.: *„I, Pencil: My Family Tree as Told to"*, 50th Anniversary Edition, Foundation for Economic Education, 2008.

Reagan, Michael D.: *„The Political Structure of the Federal Reserve System"*, The American Political Science Review, Ausg. 55, Nr. 1, 1961.

Rothbard, Murray N.: *„Economic Depressions: Their Cause and Cure"*, 1969, in Ebeling, Richard M. (Hg.): *„The Austrian Theory of the Trade Cycle and other essays"*, Ludwig von Mises Institute, 1996.

Rothbard, Murray N.: *„The Methodology of Austrian Economics"* in Rothbard, Murray N.: *„The Logic of Action One: Method, Money and the Austrian School"*, Cheltenham, 1997.

Rothbard, Murray N.: *„Das Scheingeld-System: Wie der Staat unser Geld zerstört"*, 2. Auflage, Resch Verlag, 2005.

Rothbard, Murray N.: *„Mistery of Banking"*, Ludwig von Mises Institute, Alabama, 2008.

Rothbard, Murray N.: *„Man, Economy and State – A Treatise on Economic on Economic Principles with Power and Market – Government and the Economy*, 2. Auflage, Ludwig von Mises Institute, 2009.

Salerno, Joseph T.: „*War and Inflation: The Monetary Process and Implications*", Rede während des Mises Circle in Manhattan, New York am 16. September 2006, University Club, New York, http://mises.org/media/1826, 2006.

Sanders, Bernie: „*A Real Jaw Dropper at the Federal Reserve*", The Huffington Post, http://www.huffingtonpost.com/rep-bernie-sanders/a-real-jaw-dropper-at-the_b_791091.html, 2010.

Schäffler, Frank; Tofall, Norbert F.: „*Währungswettbewerb als Evolutionsverfahren*", in: Altmiks, Peter (Hg): „*Im Schatten der Finanzkrise – Muss das staatliche Zentralbankwesen abgeschafft werden?*", Olzog München, 2010.

Sechrest, Larry J.: „*Free Banking: Theory, History and a Laissez-Faire Model*", Ludwig von Mises Institute, 2008.

Selgin, George: „*Zentralbanken als Ursache finanzieller Instabilität*", in: Altmiks, Peter (Hg): „*Im Schatten der Finanzkrise – Muss das staatliche Zentralbankwesen abgeschafft werden?*", Olzog München, 2010.

Vlahos, Kelly B.: „*Analysts Ponder U.S. Basing in Iraq*", Fox News, www.globalsecurity.org/org/news/2004/041101-iraq-basing.htm, 2004.

Walter, Christian: „*Das Federal Reserve System, die Deutsche Bundesbank und das Europäische System der Zentralbanken/die Europäische Zentralbank im Vergleich*", Universität der Bundeswehr München, 1994.

Weintraub, Robert E.: *„Congressional Supervision over Monetary Policy"*, Journal of Monetary Economics, Ausg. 4, 1978.

White, Lawrence H.: *„The Federal Reserve System's Influence on Research in Monetary Economics"*, Econ Journal Watch, Ausg. 2, Nr. 2, 2005.

White, Lawrence H.: *„Reform der globalen Geldordnung"* in: Altmiks, Peter (Hg): *„Im Schatten der Finanzkrise – Muss das staatliche Zentralbankwesen abgeschafft werden?"*, Olzog München, 2010.

Über den Autor

Wolf von Laer, Jahrgang 1986, ist seit 2008 Stipendiat der Friedrich-Naumann-Stiftung für die Freiheit und Mitglied im stipendiatischen Arbeitskreis Wirtschaft und Soziales. Er studierte an der Universität Erfurt Volkswirtschaftslehre und Sozialwissenschaften (Staatswissenschaften) mit doppeltem Hauptfach und verbrachte sieben Monate in Istanbul für ein Auslandssemester an der Boğaziçi University. Vor dem Beginn eines Masterstudiums plant Wolf von Laer Arbeitserfahrungen in Think-Tanks oder in der freien Wirtschaft zu sammeln.
Kontakt: wolf.vonlaer@gmail.com